U0653632

# 《潮汕文库》大型丛书组委会

主　任：顾作义　　方健宏　　许钦松

副主任：周镇松　　曾晓佳　　赵　红　　方赛妹　　罗仰鹏

委　员：许永波　　徐义雄　　黄奕瑄　　邱锦鸿　　饶　敏

　　　　林　农　　刘雨声　　陈荆淮　　陈海咏


# 《潮汕文库》大型丛书编委会

顾　问：饶芃子　　曾宪通　　陈平原　　陈春声

主　任：顾作义

副主任：罗仰鹏　　林伦伦　　徐义雄

委　员：（按姓氏音序排列）

　　　　陈海忠　　陈汉初　　陈荆淮　　黄　挺　　刘洪辉

　　　　倪俊明　　吴二持


# 《潮汕文库》大型丛书编辑室

成　员：黄晓丹　　曾旭波　　林志达

潮汕文库·文献系列

# 黄锦集·外一种

（明） 黄 锦 等撰

孙道平 辑校

暨南大学出版社
JINAN UNIVERSITY PRESS

中国·广州

图书在版编目（CIP）数据

黄锦集：外一种/（明）黄锦等撰；孙道平辑校 . —广州：暨南大学出版社，2018.4
（潮汕文库 . 文献系列）
ISBN 978 - 7 - 5668 - 2041 - 9

I. ①黄… Ⅱ. ①黄…②孙… Ⅲ. ①中国文学—古典文学—作品综合集—明代 Ⅳ. ①I214.8

中国版本图书馆 CIP 数据核字（2017）第 011436 号

**黄锦集：外一种**
HUANGJIN JI：WAIYIZHONG
撰者：（明）黄锦 等 辑校：孙道平
------------------------------------------------------------------------

出 版 人：徐义雄
项目统筹：黄圣英
责任编辑：何镇喜
责任校对：李林达
责任印制：汤慧君 周一丹

出版发行：暨南大学出版社（510630）
电 话：总编室（8620）85221601
 营销部（8620）85225284 85228291 85228292（邮购）
传 真：（8620）85221583（办公室） 85223774（营销部）
网 址：http：//www.jnupress.com
排 版：广州市天河星辰文化发展部照排中心
印 刷：广东广州日报传媒股份有限公司印务分公司
开 本：787mm×1092mm 1/16
印 张：6.5
字 数：149 千
版 次：2018 年 4 月第 1 版
印 次：2018 年 4 月第 1 次
定 价：25.00 元

（暨大版图书如有印装质量问题，请与出版社总编室联系调换）

黄锦像

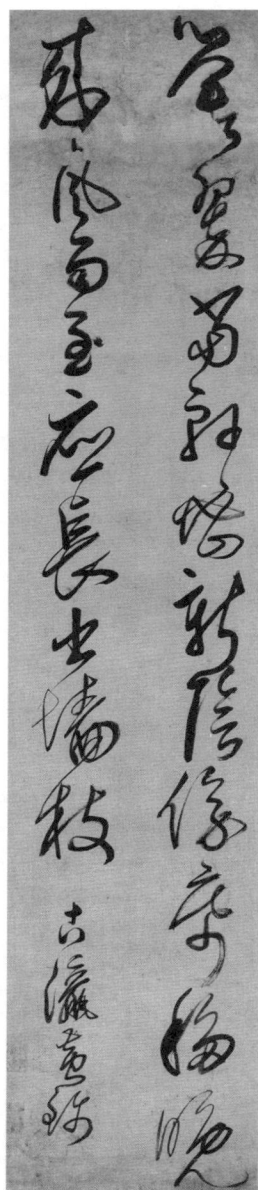

黄锦草书条幅一　　　　　黄锦草书条幅二（凤林戈未息）

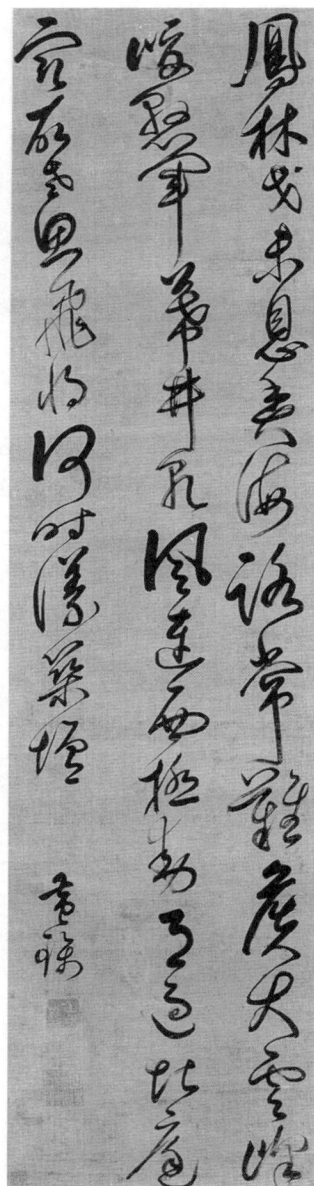

黄锦行书扇面（贱日和友人韵）

韓江黃錦絅庵甫稿　曾孫㷀汝庸㷀汝南　元孫紹繩夫校梓

庚辰知貢舉登明遠樓和監試二侍御韻

鬼鬼招賢宮明遠連雙闕仰觀星可捫遠矚神趨忽

爽氣西山來奎光相互發巖業摩層霄風雲何鬱淨

憶昔燕貽䏡黃金市駿骨隗也一先鳴群驥爭馳突

鹿走崇臺荒龍興天馬出世代幾彫枯弓雄寧間歇

我來同貢舉闔門將鼓揭才短愧汲深濟川嘆無筏

民国钞本《笔耕堂诗集》书影

綑庵居士自述

居士名錦字孚元先號綑存後更綑庵饒邑之壺化
都鴻程里人也自始祖古直公由閩入饒至贈官保
若山公已四世矣錦爲公季子公艱于嗣母贈一品
夫人阮氏禱於高埕之七聖廟夢神與以松子二初
舉兄天黌旣又夢空中授之縫衣兒于萬曆丙子九
月初三舉錦時贈公年已四十二矣生五歲依伯父
泰山公居幼善病母爲嘗百藥學亦亹葊十三赴饒

雍正四年（1726）刻本《綑庵居士自述》书影

綑庵居士自述

居士名錦字孚元先號綑存後更綑庵饒邑之壺化都鴻程里
人也自始祖古直公由閩入饒至贈官保若山公已四世矣錦
爲公季子公艱於嗣母贈一品夫人阮氏禱於高埕之七聖廟
夢神與以松子二初舉兄天黌旣又夢空中授之縫衣兒于萬
曆丙子九月初三舉錦時贈公年已四十二矣生五歲依伯父
泰山公居幼善病母爲嘗百藥學亦亹葊十三赴饒邑童子科
不利歸稍知奮又數年文宗亦不至癸巳始以科考進洋列名
第二則闚陳荊山宗師也又二年陳童閣宗師歲試補增裏案

民国温廷敬钞本《綑庵居士自述》书影

# 总　序

　　潮汕文化历千年久远，底蕴渊深，泱泱广袤，又伴随着潮人的迁播而兼收并蓄，独树一帜，是中华文明中的重要一脉。

　　秦汉之前，潮汕囿于海角一隅，与中原殆少来往；自韩愈治潮，兴学重教，风气日开，人文渐著。宋朝文教兴盛，前七贤垂范乡邦；明朝人才辈出，后八贤称显于时。明清以来，粤东地区借毗邻大海的地理优势，与域外商贸频仍，以陶朱端木之业，成中西交汇之势，造就多元开放的文化格局。饶宗颐等学界巨匠引领风骚，李嘉诚等商海翘楚造福民生，俊采星驰，郁郁称盛。

　　而今国家稳步发展，蓬勃兴盛，潮汕地区凭借深厚的历史积淀，务实进取，努力发展传统文化及其产业，如潮剧、潮乐、潮菜、工夫茶、陶瓷、木雕、刺绣等，保持并革新精巧特色，在世界各地广泛传播，备受青睐。更有海外潮人遍布全球，为经济文化交流引桥导路，探索共赢模式，拓宽发展空间。

　　为促进潮汕文化的传承与创新，进一步推动潮汕文化"走出去"，在广东省委宣传部的大力支持下，海内外学者编写《潮汕文库》大型丛书。本丛书包括文献系列和研究系列，涉及历史、文学、方言、民俗、曲艺、建筑、工艺美术等多方面，囊括影印、笺注、点校、碑铭、图文集、口述史等多种形式，始终秉承整理、抢救传统文化的原则，尊重潮汕地区的家学渊源和治学传统。以一腔丹心，在历史沿袭中为文化存证，修旧如旧，求新而不媚俗于新；以一笔质朴，在字斟句酌中为品质立言，就事论事，求全而不迷失于全；以一纸恳切，在纷扰喧嚣中为细节加冕，群策群力，求深而不盲目于深。惟愿以此丛书，提升潮汕文化品位，凝聚海内外潮人，齐心发展，助力腾飞。

在成书过程中，广东省委宣传部高度重视，协调汕头、潮州、揭阳、汕尾市委宣传部，委托潮汕历史文化研究中心、韩山师范学院、暨南大学出版社组织编写与出版。海内外潮学研究专家倾注笔墨，潮汕历史文献收藏机构及热心人士鼎力襄助，在此一并致谢！

《潮汕文库》大型丛书编委会

2016 年 7 月

黄锦集：外一种

# 前　言

## 一

　　黄锦（1576—1658），字孚元，号䌽存，晚号䌽庵，广东饶平人。明万历三十七年（1609）举人，天启二年（1622）进士，并考选翰林院庶吉士。四年（1624）散馆，授翰林院检讨。不久，任襄王府册封使。崇祯改元（1628），升翰林院编修。同年，奉命祭告靖江王府和南海神。三年（1630），升翰林院侍讲。四年（1631），任辛未科会试房考官。五年（1632），升国子监司业。历迁詹事府赞善、谕德、右春坊右庶子。十年（1637），升左春坊左庶子。同年三月，任殿试收卷官。九月，任武会试正总裁。十二月，升少詹事。十二年（1639）三月，升詹事。六月，任知制诰副总裁。十月，升礼部右侍郎。十三年（1640）二月，任庚辰科会试主考官。十月，升吏部左侍郎，兼翰林院侍读学士。十四年（1641），升南京礼部尚书，并奉命勘察孝陵。十五年（1642），疏告归里。十七年（1644），甲申国变，明亡。清顺治二年（1645），明唐王朱聿键即位福建福州，改元隆武，起任黄锦为礼部尚书，并赐号"奉天翊运、中兴宣猷、守正文臣"。隆武二年（1646），晋太子少傅衔。同年请假返潮州，与新设惠潮巡抚刘柱国谋议出兵江西。不久，清兵攻破福建，唐王朱聿键死，议遂不果。清顺治四年（1647），明桂王朱由榔即位广东肇庆，改元永历，起任黄锦原官，并加太子太保衔。因年迈路远，没有赴任。顺治十年（1653）三月，原清潮州总兵郝尚久反清，遥尊明朔，联合郑成功兵力攻夺潮阳等县。黄锦与原明福建参议梁应龙、襄阳知府邹鎏俱倾家助饷，响应郝尚久的军事行动。九月，清兵破潮州城，郝尚久投井死，反清失败。而这一役，黄锦虽以匿藏侥幸逃过一劫，但也付出"图书一炬，家人多俘"的惨重代价。自此，"伶仃孑立，苦境日臻"。到清顺治十四年（1657），即南明永历十一年，爱孙早逝，黄锦哀痛不已，遂于次年（1658）五月卒，享年八十三岁①。

## 二

　　黄锦一生博学能文，工诗善书。早年在应付科举考试之余，所到之处，好与名士结社，讨论诗艺。如曾与海阳吴殿邦、何仕冢，揭阳郭之奇等十七人结成诗社，一时"以诗

---

　　① 《饶平县志补订》卷十二《黄锦传》，谓黄锦卒于清顺治十四年（1657）五月，年八十三，则其生年在明万历三年（1575）。据黄锦本人所作之《䌽庵居士自述》载，黄锦实生于万历四年（1576），又顺治、康熙《潮州府志》之《黄锦传》，俱谓黄锦享年八十三。兹从《自述》、府志等，为之更正。

文相推重"。万历四十六年（1618），因赴福建读书，得识浙江永嘉诗人何白，并相处数月之久。何与王世贞、陈继儒曾后先选主当时诗坛牛耳，兼善书画。黄锦的诗歌和书法多少应受到何白的熏陶。及其通籍后，长期为官京师，结识当时天下名士，如河南王铎，福建蒋德璟、黄道周，广东李觉斯、伍瑞隆、李士淳等人，多以诗书擅名。黄锦与他们往来唱酬颇密，创作益勤。晚年退居林下，凡有所作，"学者仰为麟凤"。存世的钞本《笔耕堂诗集》所收黄锦的诗歌作品一共九十六首。其体裁大致有古风、律诗、绝句等，尤以律诗为最（含五律、七律、排律等）。其内容则多为应试、集句、赠人、纪事、感怀等作。其创作时间，约始于明天启二年（1622），如《高秋雁影》七律一首，题注有"馆课"二字，应该是黄锦任翰林院庶吉士时作，即天启二年（1622）至四年（1624）间作，而止于清顺治十四年（1657），如《哀桂孙》五绝十首①。其中亡国后诸作，最为感人。如《落花》组诗，作于甲申国变的隔年，即清顺治二年（1645），该诗托物言志，以寄陆沉之哀，而饱含着"一往情深"之感。所以该诗在当时士子间争相传诵，迭为唱和，如海阳陈衍虞、大埔郭辅畿等，都有和作。又如《哀桂孙》五绝十首，纯用直白的口气写出，而感情"悽怆沉郁"，使人不忍卒读。对于黄锦诗歌的特色和水平，时人李士淳是这样评价的，"不假雕琢，自饶风韵，冲淡似陶彭泽，精邃似杜工部，晚益浑成，几于自然"，应该是中肯的。

## 三

黄锦一生著述丰赡。为官之时，曾先后参加修纂《明神宗实录》《明熹宗实录》《二十一史》《十三经》《武经七书大全》等大型官方性质的书籍。晚年又编著有《黄氏家乘》《笔耕堂诗集》《绚庵居士自述》等书，现在流传的只有《笔耕堂诗集》和《绚庵居士自述》二种。其《笔耕堂诗集》，清代陈珏所编的《古瀛诗苑》首著录之，其后光绪《海阳县志》、民国《饶平县志补订》《潮州志·艺文志》及饶锷先生与饶宗颐先生父子合编的《潮州艺文志》②，大致也沿袭这一记载，只是《潮州艺文志》兼略考其内容。《潮州艺文志》在黄锦《笔耕堂诗集》一书条下加案语说："其《笔耕堂全集》，澄海蔡纫秋家尚有藏本，仅一册，有诗无文，亦不分卷数。"但没有说明是什么时候的刻本。据清曾华盖为黄锦之孙黄华所作的《四牧斋诗序》谓："盖其祖宗伯公绚庵及其伯兄文学纫生，前已掉鞅词场，虽屡值沧桑之变，而其遗草犹有存者，汝庸并梓之③。"这里的汝庸者，名黄巇，字汝庸，是黄华之子，即黄锦曾孙，则似在清康熙四十一年（1702），在刊刻黄华的《四牧斋诗集》时，有意拟将黄锦的《笔耕堂诗集》一同刊刻，只是不知刊刻与否。

今广东省立中山图书馆所藏《笔耕堂诗集》，为民国传钞本，与刻本《绚庵居士自述》合为一册，后附李恒煊《年谱题后》《黄宗伯传》及《崇祯四年辛未科书四房先高祖宗伯绚庵公门下士》三篇。其钞本《笔耕堂诗集》阙字甚多，没有署抄者姓名和时间，不知为何时抄本，意者当为民国间好古之士所为。该钞本也是有诗无文，不分卷数，又其卷

---

① 据《饶平县志补订》卷十二《黄锦传》。
② 各书俱著录为《笔耕堂集》，省一"诗"字。
③ 见康熙四十一年（1702）刻本《四牧斋诗集》卷首。

内首页有"曾孙嶷汝庸、熺汝南，元孙绍绳夫授梓"题款一行。又据李恒煋《年谱题后》一文，黄嶷卒于康熙五十二年（1713），疑黄嶷以身故而中寝并梓《笔耕堂诗集》之举。又据刻本《絅庵居士自述》后所附《崇祯四年辛未科书四房先高祖宗伯絅庵公门下士》一篇下，有注云："雍正四年丙午花月，玄①孙绍绳夫氏谨录。"则此刻本《絅庵居士自述》，可断为清雍正四年（1726）刻本，而出于黄锦的玄孙黄绍之手。综合上面所述，黄锦《笔耕堂诗集》，应该是黄绍继黄嶷未竟之绪，在清雍正四年，因合《笔耕堂诗集》《絅庵居士自述》二种并刻之。所以钞本《笔耕堂诗集》卷内首页才有"曾孙嶷汝庸、熺汝南，元孙绍绳夫授梓"一行，而与《潮州艺文志》所著录的《笔耕堂诗集》为刻本、"有诗无文，亦不分卷数"者不谋而合。而这本钞本《笔耕堂诗集》，应该是据清雍正四年（1726）刻本过录的。但因《笔耕堂诗集》迭经后人刊刻和传钞，黄锦生前的诗作多有失收。据《絅庵居士自述》一文所提到的，如残句有"云净松阴筛桂影，日长蝉韵伴书声"、有"静里阅人如过客，闲中观物已穷新"等，如诗有《题张曲江祠》《和明远楼》等，都没有收入，因此知黄锦散失的诗，为量应该不少。

　　现在这本《黄锦集》，是在民国钞本《笔耕堂诗集》和雍正四年（1726）刻本《絅庵居士自述》的基础上，并益以黄锦佚诗一首、佚文十五篇、存目一篇，厘为诗、文各一卷，卷首附以黄锦的遗像一幅，书法、书影等数帧，卷末别附有关黄锦的传记、轶事、诗文及编校者所作《〈笔耕堂诗集〉人物略考》，以期有助于读者知人论世。而钞本《笔耕堂诗集》原来的内容，即诗歌部分，既不按体裁分，也不按编年分。今重为厘定，以体裁不同区分为主，而以编年为辅，其写作时间可考者居前，反之则后。又《笔耕堂诗集》既为钞本，难免有被后人羼入他人之作的，如《午日观竞渡》七绝三首，实为明代潮阳人周光镐的作品，见于《明农山堂集》中。但为保持钞本《笔耕堂诗集》原来内容，故不加删除，而出以校语说明。至其集外佚诗的，如《黄冈竹枝词》七绝四首②，实为黄锦之孙黄华所作，见本书所附黄华的《四牧斋诗集》中，则不为增入。又因《笔耕堂诗集》系钞本，故其集中多有夺字、衍字或讹字的情形。其夺字者，径以"□"代之，而下不出校；其衍字、讹字者，则加校语、案语予以说明。其文章部分中的《絅庵居士自述》一篇，今除雍正四年（1726）刻本外，传世尚有民国间大埔温廷敬先生手抄本③，然该抄本系据原刻本过录，不足为校，但撮其书影作为插图，以示读者。而刻本《絅庵居士自述》后原来所附的李恒煋《年谱题后》《黄宗伯传》及《崇祯四年辛未科书四房先高祖宗伯絅庵公门下士》三篇，其《黄宗伯传》实即顺治《潮州府志》黄锦本传，今舍去而用后者，并和李恒煋《年谱题后》一篇散入附录中，其《崇祯四年辛未科书四房先高祖宗伯絅庵公门下士》一篇，以无关宏旨，也摒弃之。至于其他文章则因没有定本或刻本可据，对所采辑的各种书籍，则以时间前者优于后者、刻本优于钞本的原则，以其所引文章视为底稿，而以他书作为参校，如有异同，一准诗歌部分之例，也在下面出校加以说明。至于本书中的异体字、通假字，为尊重作者的行文习惯，则不予径改，一依原来面目。

①　"玄"字没有避清康熙帝讳。
②　乾隆《潮州府志》、《潮州诗萃》并误录之。
③　该手抄本《絅庵居士自述》，现藏汕头市图书馆。

## 四

在这本《黄锦集》后，外附黄锦之孙黄华《四牧斋诗集》一种。黄华（1646—1701），字太华。清康熙初庠生。工诗擅书，有声于时。其所著《四牧斋诗集》，历来不为目录家和方志所著录，仅清陈珏（黄华的侄婿）《古瀛诗苑》及民国温廷敬《潮州诗萃》、陈光烈《饶平县志补订》等在其小传中偶及之。只是后二书的记载，但遵《古瀛诗苑》所说而已，实也未曾寓目，知其流传甚稀，所以现在一并刊行，使其得以公诸世。该书在康熙四十一年（1702），为其侄婿海阳陈珏选订，"得古风、近体共一百六十余篇"，而由其子黄巘刊之，前有海阳曾华盖和澄海佘志贞二序。

现广东省立中山图书馆藏有该集原刻本，此次刊行，即依此为底本，谨照原来体例，不作改动。但新增集外诗四首，为《舟中看山》《和老杜入宅三首用原韵》《过滩》《同梁肯新云中侄游阴那山寺》。另，又附以传记二篇和清蓝田知县林世榕《祭表叔黄太华文》一篇，作为对黄华生平事迹的了解和参考，这里不为赘述。

## 五

一事之成，端赖众力。这本《黄锦集》的顺利告竣，先后得到广东省立中山图书馆、汕头市图书馆及友人周修东、黄树雄、陈贤武、纪相奎、陈哲、杨焕钿、周喜铭等的大力支持和匡助，在此统为鸣谢。由于编校本书的时间仓促和本人学力不足，在编排和校对上若有失当、瑕疵之处，敬希读者为之更正和指出，使本书在再版的时候更趋完善。

## 附录一

## 附录二

## 附录三

## 参考文献

## 四牧斋诗集

## 补　遗

## 附　录

## 参考文献

# 卷一　诗

（古风七、律诗七十三、绝句十六，都九十有六首）

## 送何纯弼之衡山令

衡岳何嵬嵬，迥出云霄外。盘礴尽南荒，窟宅多灵怪。
上有千岁松，芝苓结其会[1]。服食可轻身，眉寿无有害。
君今擅道术，种花衡山界。案头宾祝融，出入张紫盖。
风清天柱高，密云商霖霈。闲时问农桑，石廪若可丐。
手摩岣嵝碑，目溯桃源派。乍到已惬心，久之神弥泰。
虽则逢迎劳，实少风尘态。他年丹液成，飞凫报政最。
羡尔吏而仙，愧我为名累。题此当骊歌，三杯壮行斾。

校：
[1] "会"疑当作"桧"。

## 庚辰知贡举登明远楼和监试二侍御韵

嵬嵬招贤宫，明远连双阙。仰观星可扪，远瞩神超忽。
爽气西山来，奎光相互发。巀嶭摩层霄，风云何郁浡。
忆昔燕昭时，黄金市骏骨。隗也一先鸣，群骥争驰突。
鹿走崇台荒，龙兴天马出。世代几彫枯，弓旌宁间歇？
我来同贡举，辟门将鼓揭。才短愧汲深，济川叹无筏。
登临发浩歌，此身恐陨越。

## 读同卿李公暨杨夫人合传

白日忽西匿，寒风号北林。我读李公传，缅然怀古今。
公昔肮脏人，少年负奇气。初令封河滨，以身为封御。
再补雒城冲，驿疲俗久惝。公至振其疲，士民争向风。
内召□梧冈，鸣惊鹓鹭行。群鸦胡为尔？委蛇雍序旁。
既榷武林关，又采三山石。时艰赋不亏，运驶耗弥涤。
天子喜公才，畀□□云□。凶渠肆要挟，公只饬跗注。
昌平邻寝园，石□□□□。□□屹虎踞，敌来莫控弦。
肤功日以高，谣啄亦不少。复往备洮岷，开荒市骢□[1]。
无何西宁去，军声益大著。虽□藩辖荼，谗者未息怒。
赖上鉴公劳，知公习戎事。临磁壁垒清，摄肃崇墉峙。
群丑犯为疆，摚甲走穷山。贾勇一当敌，截级累累还。
□余鸟兽散，闻风成远睃。问公奚整暇？云公有良配。
家政咸肃雍，公得远从戎。节钺方在望，兴言念莆[2]中。
□□□□云，母亦游阆苑。一雄复一雌，相将超忽恍。
□帝念公勋，卿月耀华表。仲子拜宫端，前后同辉皎。

每为述先猷，述毕□□泣。愿得琳琅章，金石垂不没。
□附仲子籍，视公为谁父，乃母即吾母，坤德能无慕？
泚笔合传篇，因风歌薤露。

**案：**

此诗盖应蒲州李绍贤之请，为其父李养质而作。详参附录三《人物略考》"李同卿"条。

**校：**

①《杜诗详注》卷十九《槐叶冷淘》篇，引应劭《汉书注》云："古青骏马名骥裹，一日行万五千里。""□"字疑作"裹"字。

②据乾隆《蒲州府志》，李养质为山西蒲州人，"莆"字当作"蒲"。

## 寄杭城邬老师令孙

□步公车久，飞腾上苑迟。自嗟策名暮，无能报所知。
别去存没感，书来铭志垂。兰孙摘泮藻，老母尚含饴。
忆昔会长安，登堂拜寿眉。而今十数年，山海已差池。
俛仰激衷肠，一芹愧莫施。藉此祝归鸿，绳武在及时。

**案：**

邬老师即邬元会，详参附录三《人物略考》"邬老师"条。

## 读林季冲①先生钦视祖陵颂

南都钟阜称丰芭，虎踞龙蟠瞰江水。脉浚茅山百二峰，祥开帝统三千纪。
忆昔高皇弓剑藏，千官拜舞俨趋跄。森森石笋迎人立，郁郁长松摩天阊。
相传岁久网渐疏，守人不戒等蓬庐。伐木穿窑燔活火，起土成砦②龙脉锄。
更有泗洲祖陵地，后峡开池专小利。蠢蠢小民何所知，不勒贞珉愍无忌。
天子惕然念水木，大开中殿咨钧轴。皇华酌酒满金杯，赐出内锼资路宿。
特命元勋成国行，懿亲新乐同于征。学士亦有宗伯在，周爱咨度悉经营。
琅琅天语涣大号，镌碑竖碣表厥道。须令耳目赫然新，勿令后犯频入告。
三臣衔命出京邸，臣亦叨恩拜南礼。好正追随恣讨论，其奈乡心牵万里。
自别家园已六春，乌伤雁断长悲辛。安得仙人缩地法？携手同看钟阜云。

**案：**

此诗盖为林欲楫作，详参附录三《人物略考》"林季冲"条。

**校：**

①"冲"字应作"翀"。

②钞本原字作"砦"，当是"砦"字误写。

## 凤城送郡侯黄

□□黄侯守颍川，神爵曾闻纪汉年。朅来韩水分参佐，又见君家集凤编。
凤城积岁生藜蕨，寒梅萧条隐□□。一麾高拥两车来，政通千里祥禽出。
愧我飘蓬□□游，海天浪迹一浮鸥。凭公拂拭成毛羽，双盼丹山去复留。
忽然垂翅如秋燕，呢喃空把华堂恋。几回腾跃同鹍鸡，无奈分飞翮已倦。
昌黎祠外片帆开，昔从公暇此登台。挥手名山宜作赋，江生梦断已无才。
最惜轻抛吾叔度，澄波千顷殊堪慕。别后公无陟北山，相思应绕山头树。

## 寿研歌

仳飞拔剑何雄伟，直入龙潭截龙尾。老骨年来化石麟，西郊夜半啼山鬼。
俗眼经过置道旁，良工一见神飞扬。运斤电雷出倏忽，开函波澜生辉光。
龙蟠凤翥风云变，艺苑词场恣鏖战。定价无论十五城，著书已足三千卷。
管城秃尽瘗山丘，黑子临歧泪不收。何似石乡老居士，白头犹拜寿亭侯。

## □<sup>①</sup>卯上御门赐百官端午宴纪事十二韵

中天逢令节，圣主正当阳。洁体兰汤蚤，垂衣彩缕长。
内臣传警跸，午宴集衿裳。云自丹霄紫，风来金殿香。
龙飞方利见，雀跃喜相将。仙乐伶官奏，霓旗羽士扬。
□传薄□绿，糕拌凌阴霜。既沐上方泽，还赓下济光。
□□欣在藻，梧凤失依冈。共指升恒永，为深晦昃防。
□山歌乐只，天保祝无疆。赐绮卑刘汉，献身企李唐。
□与□□饱，何以慰几康？

校：

① "□"当作"己"。据《絧庵居士自述》，黄锦自明天启二年（1622）通籍至崇祯十五年（1642）
告归，其卯岁者二，一天启七年（1627）丁卯，一崇祯十二年（1639）己卯。又，据诗题有"赐百官端午
宴"数字，考《明史·庄烈帝本纪》，崇祯践祚在天启七年八月，时逾端午，则此"□卯"者应为崇
祯十二年己卯。

## 辛巳秋奉命偕成国新乐及礼臣同相孝陵值成国寿日排律言贺（中元后一日）

暑退中元后，祥开岳降初。月轮谦有受，川德盛方潴。
爽气翔高宇，凉飚动六虚。槎浮凌蜃泛，药捣傍蟾蜍。
阿母乘云驭，群仙降玉除。为传青鸟信，言奉紫霞书。
有馔多麒脯，无觞不露醑。涟漪烽树发，飘飏凤笙嘘。

舞奏霓裳袅，歌赓桂棹徐。婆娑今半百，笑傲历千余。
孝寝行将近，河流委以纤。皇皇钦简命，赫赫戎衣茹。
剔攘存桢干，封培禁铄锄。龟螭增宝碣，金石炳元庐。
返旆朝丹阶①，承恩锡路车。南山歌乐只，北海庆华胥。
带砺永无极，冈陵同宴如。

校：

①诗题既言排律，此"阶"字依律不合，疑当作"陛"。

## 送黄石斋年兄谪编户归闽（二首）①

平生负伊吕，此去混樵渔。吾道非耶是，行云卷且舒。
芳兰淹腐井，款段服金车。勿叹升沉隔，庄周一梦蘧。（其一）

来作朝阳羽，归应纵壑鳞。蛾眉偏见妒，夜月漫生嗔。
安石登山剧，子云载酒频。北窗高卧后，谈笑论天民。（其二）

## 附：是晚黄细存司业蒋若椰宫允冯邺仙给谏小坐限韵各成四章

漳浦 黄道周

小草无安节，长松多怒鳞。驰烟人不悟，招隐客生嗔。
岸谷四时好，沧桑一夜频。相看犹盛世，石户有遗民。（其一）

诗书不可伏，渺论数逢渔。海眼著苔碧，春拳对蕨舒。
野人安被发，山叟乐焚车。蝶世捻花尽，真成一梦蘧。（其二）

云傲惬天放，山栖慰鹿朋。镜中虚影脱，方外姓名誊。
早识官无著，焉知鬼可憎？鹅笼排幻处，千勿寄担簦。（其三）

山幽宜蹑屐，白日利青蓑。不敢伺龙睡，何能避虎苛？
野旷随张网，庭空别置罗。安危公等在，天步未蹉跎。（其四）

（《黄漳浦文集》卷四十）

案：

①据《黄漳浦文集》卷四十，原诗四首，今只存二。

## 访五子山无用禅师①

石林高几许，金刹隐中峰。白日空山梵，清飚静夜钟。
竹②窗回③翠④壁，危磴俯⑤长松。坐听无生⑥语，何时杖锡⑦从？

校：

①顺治、康熙《潮州府志》，康熙、雍正、嘉庆《平远县志》，是诗俱标黄锦所作，《潮州诗萃》则标黄奇遇作。

②嘉庆《平远县志》卷五，"竹"字作"小"。

③康熙《潮州府志》卷十六，"回"字作"横"；嘉庆《平远县志》，"回"字作"扶"。

④嘉庆《平远县志》卷五，"翠"字作"嫩"。

⑤嘉庆《平远县志》卷五，"俯"字作"倚"。

⑥顺治《潮州府志》卷十一，康熙《潮州府志》卷十六，康熙、雍正《平远县志》卷十，嘉庆《平远县志》卷五，"无生"俱作"无师"。

⑦顺治《潮州府志》卷十一，康熙《潮州府志》卷十六，康熙、雍正《平远县志》卷十，嘉庆《平远县志》卷五，"杖锡"俱作"锡杖"。

## 和友人（二首）

谈经依壁水，握鉴倚珠渊。道岂雕虫著？玄应罔象传。
多材逢匠石，神马识方甄。岭外文风转，应知星斗悬。（其一）

名德倾兰省，高文压艺林。东人瞻北斗，海国式南金。
起草当年事，传经百代心。悬知施化雨，朴棫满江岑。（其二）

## 偶 题

门外有机春，篱边隐箨龙。庭虚蜂堨户，径冷客扶筇。
曝背贪寒日，支颐□□□。明朝无个事，仄岭看孤松。

## 失 题（二首）

绿野方逃暑，芳园续荐凉。微歌鱼在藻，酌水瀚流香。
口饮忘多伏，幽衣戒早霜。因君得胜赏，此意岂能忘？（其一）

□脾何处泻？高辟水云间。但得景中趣，何辞忙里闲？
□□□□日，落水淡宜山。不尽酣歌意，移舟向月湾。（其二）

## 菊（二首）

昨见满园丰，今朝尽秃丛。花枯疑带雪，叶老那禁风。
送酒羞陶令，登台恼杜公。何当逢泰运？苗秀日菁葱。（其一）

为爱篱边菊，霜飞独立时。柱残犹恋蒂，香剩不沾枝。
孤韵余蟾影，贞□有晚□。□身荒径侧，潜养待春滋。（其二）

## 寿某邑令（二首）

日里棠阴满，三春香雾浓。花明侵县郭，雉静绕山钟。
□获村村足，弦歌处处同。有怀歌适馆，无计达宸聪。（其一）

□□□□□，真人岳降初。风和琴自韵，日丽锦频舒。
□□云中鹤，惊看阙下凫。瀛州春色满，身世在蓬壶。（其二）

## 喜某世兄至都未几告别诗以赠行

乍见即分离，披襟能几时？话长惊烛短，别久怅来迟。
堂背萱花老，天南桂子葳。来秋得佳信，先报故人知。

## 偶　兴（二首）

今日游何处，春泉洗药归。行吟紫芝曲，坐掩白云扉。
鱼跃耽浮藻，人闲赋□薇。丘中无个事，时看雉雏飞。（其一）

世事纷如梦，往来□□□。将偕松桂老，况有薜萝多。
药倩韩康卖，门容□□迎①。翻嫌高枕地，占作白云窠。（其二）

校：

① "迎"字出韵，当系误钞。

## 咏　菊（三首）

黄菊何太晚，十月绽东篱。爱尔繁霜后，怜吾白发时。
□人开蒋径，痛饮读离骚。采采空盈把，无因寄所思。（其一）

□英怜逸调，潇洒亦高怀。风韵今奚邈，幽芳晚自开。
□云寒倚户，茎露翠流杯。几与同心约，佳期安在哉？（其二）

眼底寻芳歇，清霜炯数株。晶晶天宇澹，落落野篱孤。
幽赏嗟谁工，浊醪吾自呼。柴桑千载后，惆怅几为徒？（其三）

## 观　海

潮头来远沙，林岸日当斜。林影浮龟鹤，神钱逐浪花。
天西如有木，海上熟为家？薄暮乘风好，昆仑亦钓槎。

## 观 杏

颇解窥墙意，探幽得满枝。溪桃同浅抹，野鸟未全披。
红白相兼笑，纵横强自持。醉中花事后，三日听归迟。

## 即 事（三首）

人作文园卧，秋风到客帷。怀人惊节序，病骨任支离。
□坠霜前叶，荷残雨后枝。朝来过二仲，浊酒正堪携。（其一）

□爱□嚣隔，相过丈室间。莺花三月暮，燕笑一樽闲。
□借城头树，青分雨外山。坐来心更远，新句好同删。（其二）

为爱空林月，深宵几度看。不甘泫露冷，转见鬓云繁。
望久澄清汉，呼来涌玉盘。方知明净境，如现宝光寒。（其三）

## 高秋雁影（馆课）

长空淡淡一行斜，塞外传书到汉家。灭没孤村瞻远近，参差数字乱烟霞。
联翩破界青山色，掩映遥将红蓼花。最是南楼频倚望，不堪幽思动天涯。

## 予为孝廉游南岩数十年往矣通籍后久客长安每思旧胜如隔蓬壶丁卯冬奉命还①家辱友人招饮于此见多改观且及结绿先兄欣赏之事怅然不胜今昔之感漫纪一律

二十年前续胜游，西湖歌舞几更秋。乍疑紫气来函谷，恍历星坛到帝丘。
路转千盘林壑窈，天邻北斗瑞光浮。忽听哀雁风中断，把酒相看泪不收。

校：
① 康熙《潮州府志》卷十六，"还"字作"返"。

## 戊辰奉差靖江南海祭告过通衢官梅阁步扁间韵（二首）

罗浮春梦客中稀，此夕相逢醉落晖。阁上每留余韵在，衢前且喜抗旌归。
花开岁宴堪玄赏，实可羹调别众菲。景仰遗踪怀往事，高山入望白云飞。（其一）

二十年前此地过，相逢驿使更如何？梅增旧干莓苔老，阁满新篇岁序多。
几度月明香撩乱，数声笛奏影婆娑。我来正值深秋候，早晚寒芳上雪柯。（其二）

## 过采石题谪仙楼时门人刘宪石为太平守出践于此因步青莲韵 (二首)

谪仙楼上谪仙游，仙去楼空江自流。千古文章波底月，一时峻节水中丘。
乘风几度回天姥，歌凤如将历九洲。总为才高难入俗，思君不见使人愁。(其一)

偶乘彩鹢一登游，仰止高山俯碧流。世事滔滔浑似水，百年鼎鼎几如丘。
却怜地主同刘宠，为爱清尊泊祖洲。此日相逢须尽醉，明朝分袂不胜愁。(其二)

### 送林紫涛按楚视师护陵

乘骢声价重宣云，揽辔今看涤楚氛。百二河山关汉表，千秋陵寝奠江渍。
从来挞伐先谋略，可念苍黎久溺焚。此去搀枪须扫尽，岣嵝天畔好铭勋。

### 喜同年①聂苏门公祖守潮寄赠 (二首)

瀛海春风动地回，儿童争迓使车来。云团皂盖千峰雨，电闪朱旗万壑雷。
江上鳄鱼看再徙，岭头韩木喜重栽。无由借得苍龙杖，执兕欢迎彩凤台。(其一)

曾逐骅骝步后镳，天衢腾踏意偏饶。尺丝自我牵铃索，斗酒何因盍紫貂。
泽国兼葭劳梦寐，玉河鱼鲤漫迢遥。维桑此日逢知己，零露无私到苇苕②。(其二)

校：
①康熙《潮州府志》卷十六，诗题无"同年"二字。
②康熙《潮州府志》卷十六、康熙《饶平县志》卷二十四，"苇苕"俱作"菅萧"。

### 寄候兵宪邵公祖 (邵前为①滇南督学)

曾窃兰芬逐后车，折冲樽俎好谁如？衡文昔许空凡马，揽辔今看徙鳄鱼。
到处绿阴迎化雨，一行霜色映征旌。北②来闾左萧条甚，桑土能无费拮据？

校：
①康熙《潮州府志》卷十六，诗题无"为"字。
②康熙《潮州府志》卷十六，"北"字作"比"。

### 送夏力庸亲家自户郎请告归义安集杜 (二首)

童稚亲情四十年 (《送路六侍御入朝》)，断肠分手各风烟 (《公安送韦二少府匡赞》)。
却为姻娅过逢地 (《简吴郎司法》)，送尔维舟惜别筵 (《公安送韦二少府匡赞》)。
棋局动随幽涧竹 (《因许八奉寄江宁旻上人》)，晴窗点检白云篇 (《赠献纳使起居田舍人》)。
前①檐倚杖看牛斗 (《夜》)，肺病几时朝日还② (《十二月一日》)？(其一)

得承休沐③主恩宽，归到庭中腊正残。更喜新纶光梓里，兼看稚子荐椒盘。

莲峰地暖花常蚤④，桑浦春深荔渐丹。得意每逢吉善事，忍令四海尽痍瘝？⑤（其二）

校：

①《杜诗详注》卷十七，"前"字作"步"。

②《杜诗详注》卷十四，"还"字作"边"。

③《明季潮州忠逸传》卷二《夏懋学传》引是诗，"沐"字作"假"。

④《明季潮州忠逸传》卷二《夏懋学传》引是诗，"蚤"字作"密"。

⑤第二首八句俱不见《杜诗详注》，疑为后人误植。

## 又集杜二首兼怀石可丈（时为襄阳守）

城阙秋生暮①角哀（《野老》），渚清沙白鸟飞回（《登高》）。

楚天不断四时雨（《暮春》），重镇还须济世才（《奉侍严大夫》）。

佩剑冲星聊暂拔（《人日》），残花怅望近人开（《又送》）。

习池未觉风流尽（《将赴成都草堂途中有作先寄严郑公》），

莫怪频频劝酒杯（《送王十五判官扶侍还黔中》）。（其一）

汉朝陵墓对南山（《诸将》），玉②露金茎霄汉间（《秋兴》）。

永夜角声悲自语（《宿府》），东来紫气满函关（《秋兴》）。

舍舟策马论兵地（《季夏送乡弟韶陪黄门从叔朝谒》），嫩绿浓花满目班③（《滕王亭子》）。

戏假霜威促山简（《王十七侍御抡许携酒至草堂奉寄此诗便请邀高三十五使君同到》），

来游此地不知还（《滕王亭子》）。（其二）

校：

①《杜诗详注》卷九，"暮"字作"画"。

②《杜诗详注》卷十七，"玉"字作"承"。

③《杜诗详注》卷十三，是句作"嫩蕊浓花满目斑"。

## 五凤楼前拜领诰命和李晓湘韵

朝瞻初旭紫云浮，彩凤衔书天际头。文武两班森虎拜，衣冠三世见鸿麻。

可知移孝先庭训，自是承家重祖谋。叨沐君恩深似海，此生图报可能不。

## 重阳节赐百官宴先数日仍赐讲官酒馔

珍赐频颁出上方，欣逢重九有辉光。糕团白雪花为酿，酒浥金茎露作香。

每饭可能忘帝德？开尊并喜际荑筋。因思落帽缘何事，抖擞衣冠正席尝。

## 附：己卯重九日御赐花糕燕志感

东莞　李觉斯

敕使传餐出上方，微臣今又拜恩光。玉团密润云为丽，腻粉花蒸雪作香。
一食可能忘帝力？分来聊且佐萸觞。小人有母皆余食，独念君羹犹未尝。（《晚翠居诗集》）

## 端午赐宴纪事是日上御五凤楼凭栏天颜密迩仍有排律①

长安嘉节是中天，圣主临轩五凤前。宴拌冰稜知却暑，酒传蒲酝足延年。
枭羹不羡汉官赐，粉线何劳唐女穿？此日酣歌逢盛典，小臣为纪蓼萧篇。

校：
①是诗显系七律，诗题"仍有排律"诸字应为衍文。

## 庚辰元夕李二何三郎得隽李晓湘姚谷神都中得雄挂灯会馆越夕再会庆灯伍铁庵有诗因步韵二律

高馆张灯倚日边，银花珠树竞飞觞。珠明远浦光摇斗，花发新枝媚近筵。
闻喜正当休酺夜，衔杯共酿洗儿钱。寄言言漏休频报，此夕欢娱倍昔年。（其一）

春满皇都灯满堂，言追佳节续瑶觞。藜吹火树明星汉，鳌拥蓬山近苑墙。
自有珠玑光绮席，不劳箫鼓闹青阳。沉吟共说十年事，清兴何如玉署郎？（其二）

## 附：正月十三夜同乡李晓湘姚谷神李二何诸公招饮粤东会馆开灯有赋

文昌　陈是集

紫塞年来不起烟，主恩春色浑无边。暂邀玉署开灯约，可免金龟换酒钱。
友善堂中追古谊，银花灿处笑惊筵。自兹不夜连三五，赐酺年年胜似前。（《中秘稿》）

## 和李二何年兄韵（二首）

忆昔公车初发程，多君学问已充盈。鹿鸣宴里谁骧首？雁序群中我应声。
自逐风尘惊骏骨，早从坛坫主齐盟。而今老大怀知己，肯负忠信过此生？（其一）

万里风烟接凤城，鼠忧那复见明明？却思满地承恩诏，好似祥云罩太清。
天汉有章谁得报？波臣无血只空盟。即看星使今何在？洗耳春和听鸟嘤。（其二）

## 贱辰季秋之三日承友人赠诗和韵

黄花何处问东篱，小径秋深客到时。正喜幽香承露湛，不堪繁蕊斗霜迟。
白衣绿酒聊先醉，落帽狂风只自知。阅尽炎凉增感慨，强将芜语缀君辞。

## 重阳日①辞诸亲友登高之约和韵（二首）

老来多病怯风②高，林壑萧森万籁号。有酒不妨开小径，看山何必拉时豪？
情同阳鸟怀③矰缴，意类玄④猿抱郁陶。因忆往年叨侍宴，归鞍⑤曾带枣亭糕。（其一）

秋来羽檄动惊闻，谁把关河作质文？万户萧条唯⑥壁立，百年潦倒叹⑦丝纷。
鱼龙水冷知霜夜，鸿雁风高乱汉云。每向城头频眺望，不堪迟暮对江濆。（其二）

校：

①康熙《潮州府志》卷十六、康熙《饶平县志》卷二十四，诗题俱无"日"字。
②康熙《潮州府志》卷十六、康熙《饶平县志》卷二十四，"风"字俱作"登"。
③《古瀛诗苑》卷一，"怀"字作"愁"。
④康熙《饶平县志》卷二十四，"玄"字作"元"。
⑤《古瀛诗苑》卷一，"鞍"字作"鞭"。
⑥康熙《饶平县志》卷二十四，"唯"字作"帷"。
⑦康熙《饶平县志》卷二十四，"叹"字作"笑"。

## 感事用前韵

海天风鹤日频闻，谁把鹈膏拭剑文？下濑戈船徒冷冷，习流君子但纷纷。
贪杯不为哈张部，开户何曾见赵云？长胜从来难料敌，安危须视此汀濆。

## 夜坐占星用前韵

魁斗泰阶自昔闻，老人南极亦星文。旄头甚事干乾象？河鼓于今为世纷。
万室已空箕载舌，三秋无稼汉还云。前檐倚杖看缠①纪，岁镇何时到鳄濆？

校：

①"缠"字疑当作"躔"。

## 登鹅林浮光台和韵

搔首林园且进卮，羝羊何事触藩篱？且将诗酒酬佳会，莫向风尘漫剧悲。
越石登台乘夜月，曾阳叱驭转颓曦。浮光幻影须臾事，豪杰千秋未可辞。

## 和吴生韵（二首）

谈经声教溢桥门，底事于今共谁论？去国有心悬白日，忧天无语对黄昏。
从吴北学怀张陆，佐汉宗儒鄙叔孙。愧我不才耽栎社，置身丘壑漫称尊。（其一）

会窥瀛岛履蓬山，遗草犹存石室间。搢笏披书香袅袅，垂绅奏赋佩珊珊。
一归岭峤愁榆暮，岂有琼芝驻蕣颜？后进如君风雅少，瑶篇赠我不须删。（其二）

## 伏日同诸同年送客观鱼池（二首）

劳劳送客黯伤神，此日观鱼□兴新。得食呼群还类我，翻身入藻似惊人。
亭虚但觉商飚动，饮剧方知酒性醇。无奈晚云□急雨，登车□里透重茵。（其一）

一竿垂钓忆□□，身□时□□此方。泽国兼葭劳梦寐，金台景物寄行藏。
闲敲棋子真成癖，坐看盆鱼为甚忙。喜有弟昆能载酒，风流不减渡潇湘。（其二）

## 南归□□□李□襟□家扇头

不信清□□□□，忽□归骑□江隈。行看云步同流水，坐对蜗文上□苔。
□□岂如班舞乐？奇花不傍短篱栽。欲知六月非长息，暮听春雷复急摧。

## 寿郡将

谁人秉钺最称雄？免胄今看有令公。队肃当关观立马，恩霑蔀屋见归鸿。
蒲觥争献安期醑，凤葛长披列寇风。不必寻真求药鼎，居然身老碧云中。

## 贱旦酬诸友（二首）

曾叨玉署践寅渍[1]，廿载声华在帝京。一去龙楼栖凤峤，忍听□□□鸿声？
斯文未丧看遗史，吾道犹存赖后生。见说老人秋正炯，不应弧矢又纵横。（其一）

倦翮归来庆寿眉，家园斑舞引萸卮。共夸指日腾三凤，不谓颓年老独夔。
万事悠悠成塞马，诸孙碌碌待工倕。茅堂喜有雕龙客，词藻翩翩正陆离。（其二）

校：
[1]据《尚书正义》卷三《舜典第二》："夙夜惟寅，直哉惟清。"此"渍"字当作"清"。

## 有　赠

贯索星明□数年，因之四海共骚然。何方[1]彩凤翔天□，喜得金鸡下棘巅。
燕谷有春随暖律，鳄溪无影混□泉。迩来潦倒聋偏甚，犹听讴歌沸二天。

校：
[1]据诗意，"方"字疑当作"妨"。

## 径 竹

斋头幽敞净无尘，况有檀栾一径深。雨过箨香侵卷幔，风回玉韵□鸣琴。
根移帝子分湘沚，养就龙孙看渭林。曾道子猷慵问主，几时待我坐清阴？

## 和李晓湘瀚园

谁垦荒园接御河，小亭新敞俯晴波。鸟怀绿荫群依柳，鱼为幽香半在荷。
涉趣顿忘尘累隔，会心翻结①语言多。回思十载经游地，何日相将再一过？

校：
① "结"字疑当作"觉"。

## 步扇头韵

毵毵垂柳夕阳斜，庭院春深鸟雀哗。客到隔墙呼竹马，兴酣两颊上桃花。
循崖拾木供晨爨，扪径穿云剪蕨芽。抛醉轩前无个事，安知朝贡斗豪奢？

## 落 花（九首）

才见花开压绮丛，花飞又是暮春中。纷纷糁径铺毡密，点点霑衣坠雨红。
野雀穿枝争啄子，狂蜂绕砌却腾空。荣枯自是关时令，错遣诗人怨陌风。（其一）

曾步芳郊羡彼秾，归来犹自想丰容。只因昨夜催花雨，为讶今朝黏絮蜂。
散落波心香片片，飘来月下影重重。游人莫道园林改，色相原来是幻踪。（其二）

无数飞花点客窗，卷帘犹自拨银缸。乘风逐队纷成乱，乱雨奔流漫注红①。
摇落敢言天有忏，芳菲还纪色无双。从今别却繁华日，一片春心未肯降。（其三）

春光骀荡日迟迟，杜宇声声叫柘枝。若为残红伤往事，故于嫩绿起幽思。
寻芳游子空回首，拾翠佳人恨后期。安得东君长作主，杏园买醉不伤离②。（其四）

晋代桃源事已非，天台流水景依稀。偶逢佳句寻溪友，惹得天花满客衣。
似雪未能眠地化，因风犹望隔邻归。一番花信一番雨，多少深闺怆落晖。（其五）

抽红对白艳无余，一去上林悔厥初。迹逐风尘梦里尽，香消闺阁雨中疏。
仙禽有意羞衔献，野鹿无知任吐茹。何日芳菲仍满眼，娇然一笑积怀舒。（其六）

何事山翁貌独癯，年来愁绪总难驱。生憎沙碛多青冢，怕见金园陨绿珠。
天道此时惊代谢，人间一瞬判荣枯。又知华丽终消歇，退向丘阿狎麋芜。（其七）

枝头烂熳正堪怜，漂泊何来梦草边。落帽乍惊红拂女，凌云恍似紫姑仙。
行人休认旧罗袜，远浦空传新翠钿。后会欲思重见面，容光减尽坐经年。（其八）

欲向花前问夙因，阑珊春事不堪陈。新飘绿萼索珠网，旧落朱英作蚁屯。
幻质有时离本相，冶容何处觅真身？人生俛仰成蕉鹿，何事当筵嗔喜频？（其九）
校：
①据陈衍虞《落花诗》，"红"字应作"江"。
②据陈衍虞《落花诗》，"离"字应作"持"。

## 附：和韵六首

海阳　陈衍虞

春葩袅袅压轻丛，怪得阑珊翠陌中。月下香魂曾佩紫，枝头醉脸乍飘红。
闲依细草眠幽径，偶泊清湾点素空。错把金铃花下挂，不堪淅沥五更风。（其一）

枝南枝北皆秆秋，可奈封姨妒冶容。泥乍腾香供社燕，颜经褪粉散胡蜂。
坠楼共悼珠三斛，埋玉犹怜蒂二重。应是玉峰前有约，玄都观里寂无踪。（其二）

几度疏风度绮窗，残红片片衬春缸。明妃远嫁青留塚，湘女凌波白印江。
深树度莺啼恰恰，飞英傍蝶影双双。寻芳无用增惆怅，赋得妍心总不降。（其三）

静圃烟飞日影迟，娇红春老渐辞枝。偏当摇落多幽恨，每忆菁华费梦思。
劝酒无人辜夙约，凭肩有誓订来期。年年留得东皇在，长与群芳作总持。（其四）

珊珊来也是耶非，一去彭门翠影稀。若散天香回舞袖，谁研国色染云衣？
曾邀羯鼓催连发，犹向晨钟嘱缓归。检点荣枯同幻泡，临风何事叹残晖？（其五）

华林娇艳杳无余，望断香霞绣縠初。天女散来空际乱，渔郎归去洞中疏。
一天红雨鱼争呷，万点流霞鹿不茹。安得山中千日酒，浅斟花下待花舒。（其六）
（《还山文稿》附）

## 和韵六首（存五首）

大埔　郭辅畿

绿烟愁绕绮千丛，春在销魂细雨中。国色本嫌腮上粉，君恩新褪臂间红。
情依石上初归定，香化楼头只住空。艳性由来人共惜，凭栏虚拟诉东风。（其一）

芳村无路斗华秾，天不开颜树减容。钗坠隔帘声寂寂，星沉前沼影重重。
绣泥新润迎初燕，香税方贫转负蜂。情种自知删不得，弓鞋印到有轻踪。（其二）

繁华春历尚嫌迟，新绪何容恋旧枝？草得偷香还对笑，月来寻影亦相思。
六朝粉样凭人拾，两世兰身订佛期。莫说栽花终漠漠，山头松尘自堪持。（其三）

桃李场开说是非，艳思尽付冷香飞。细同玉筋轻沾腕，柔似檀烟暗触衣。
无力风光随处换，伤心时节送君归。空青林下人如雪，坐听茶声阅暮晖。（其四）

徘徊歧路问花余，最羡芳颜近水居。世局每从残后惜，高情肯向玩中疏？
风姨妒艳当阶久，月姊寻香入夜初。我欲携茵来卧此，绣苔辗转压蜗庐。（其五）
（《洗砚堂辑钞》卷二）

案：

清海阳陈衍虞《落花诗自纪》："客传宗伯黄绚庵年伯《落花诗》六首，至二三同好，多有和章。"
见《落花诗》卷首。又大埔郭辅畿《落花吟自序》："乙酉春，社同人以年伯黄绚庵先生诗六首相示，更
取瑶泉申相国韵，互酬迭和。"见《洗砚堂辑钞》卷二。检陈衍虞《落花诗》凡三十韵，其第一首至第
六首，注云步黄锦韵，为一东、二冬、三江、四支、五微、六鱼诸韵。而郭辅畿《落花吟和韵》，《洗砚
堂辑钞》选其二十四首，阙三江韵一首，余五首亦然。钞本《笔耕堂诗集》则益至九首，疑其末三首为
后人阑入。

## 游阴那山寺

寻幽山寺爱芳菲，日日凭栏望翠微。绿树中边黄鸟叫，红楼高下白花飞。
前峰晴接后峰雨，近涧声随远涧归。幸有名山供笑傲，未须逊忆故园扉。

案：

是诗原钞本无，兹据程志远增订《阴那山志》补入。

## 与观非和尚

日观其非，何者为是？是非两忘，山飞水峙。

## 哀桂孙十绝（名应兰）

人生苦不慧，慧反惜无成。生灭同朝菌，何如早不生？（其一）

生来如掌珠，死去委泥土。想是再来人，尔去归何处？（其二）

见汝试前茅，此心为顿开。谁知梦幻间，歌哭相随来。（其三）

尔父北归没，尔今省回亡。总为功名误，何如守耕桑？（其四）

一胞同四孤，尔为诸孤长。母霜父未葬，尔独能无怏？（其五）

娶妇今六载，止遗一女婴。诸弟俱未婚，尔目安能瞑？（其六）

世界尚倾仄，大厦谁能支？尔今舍我去，念子双泪垂。（其七）

尽日望花开，未开花蕾谢。枉费抱瓮公，置之东篱下。（其八）

□□前解愁，提起愁益甚。吾其奈我何，自思还自谶。（其九）

老氏观白骨，庄生说浸假。俛仰同一丘，谁是长年者？（其十）

## 坐门议百官助马

坐破门毡思已枯，床头还得酒钱无？空将首蓿求天马，谁是筹沙却狨图？

## 赠张益轩师①

少小班门学斲时，挥斤一解便称②奇。而今构得凌烟就，老大逢人说匠师。

校：

①康熙《潮州府志》卷十六，是题有小序，如下：张益轩先生，予就外傅时受业焉。先生试以"见贤后用"之作，大为惊喜。及予领乡书，犹及见之。今一第为词臣归，而先生不可复见矣。其子光舆又能以世讲请书，予思先生训蒙之功，不可忘也，为书一绝诒之。

②康熙《潮州府志》卷十六、康熙《饶平县志》卷二十四，"称"字俱作"诧"。

## 午日观竞渡（三首）

午日沧江白浪堆，龙舟峡口斗宣虺。人间胜负寻常事，独把纶竿坐钓台。

雾霏滟雨落晴空，峡里洪涛挂玉虹。鳞甲满江争竞渡，夺标眼里为谁雄？

回湾曲峡引龙宫，曾作行云化雨功。老大于今心不竞，但言忧国愿年丰。

校：

是题三首，乃周光镐所作，见其《明农山堂集》卷十三，文字略异，应为后人阑入。

# 卷二　文

（碑记六首，墓志、序、赞各二首，疏、传、述各一首，都十五首）

## 谨题为敬陈一得管窥少裨万年历数事

行在礼部尚书兼翰林院学士、教习馆员臣黄锦谨题为敬陈一得管窥、少裨万年历数事。祠祭司案呈奉本部送礼科抄出等因，本年十月十六日奉圣旨"郑凤起议正历元之法，亦为有见，果否深明此道，该部详察，明白具奏，钦此钦遵"。抄出到部，送司案呈到部。该臣看得贡生郑凤起学富五车，□窥三纬。曩者闽寇窃发，曾以桑□之画，两收擒馘之功，已经原抚臣张肯堂具疏首题，已经钦覆。兹当明□□□□重新，本生议正历元，垂为□代定则，委属□□。观其所著□言三策，如五行气候、九天列宿、□著圭陈诸秘，□谈之瞭如指掌，非深明此道者，未易遽测其藩也。词臣陈燕翼於史馆初开之日，已业荐本生供事。诸凡律历书志，必得通才，始成信史，计亦□亭中所必质焉者。合无炤纪文畴例，敕下本馆□用，应否出自圣裁施行，缘系事□，未敢擅便，谨题请旨。隆武元年十一月具题。行在礼部尚书兼翰林院学士、教习馆员臣黄锦、礼部祠祭清吏司主事加一级管郎中事臣李允□。（《莆田郑氏族谱》）

## 灵雨亭记[①]

揭，农国也，夫藉亩耜，家藉亩钟。邑之下治，合河而注海，旱则海潮高激，醎水不可资溉；上治分河而边山，旱则山溪限断，平原不能驾润。坎则洼，衍则洴，不雨则饥，力田者难为力。将治水庸而预其涸，匪独虞潦而汜，且无广泽洿池以潴雨，稍恣海涨不到，与溪涧相迫之井，仅仅可支桔槔。然事倍功半，食力者苦矣。况两无所藉，徒瞻仰昊天以惠其宁者乎？侯自莅揭以来，甘雨随车。丁卯春莫忽旱，侯闵焉忧之。业已改袍履、屏干旄、禁屠沽、废笞杖，有事郊庙而雩。乃诏博士、诸生，誓诸父老，日祈于上下神祇。越五日无洼，又五日无洴，侯忧心如薰，愈益皇皇。深念无雨无苗，无苗无岁，无岁无民，罪令之由，无相及也。躬帅官师、士庶，奉风云雷雨，以城隍、山川、社稷之神为奥主，狗于有众，广谋夫御民大灾，载诸祀典，今秩祀百神，业在尸祝，凡诸境内方祀、望祀、祠祀、坛祀、血食之祀、土木之祀，故有灵者，悉举以闻。远则郊迎，近则躬逆，洋洋具在，胪夤乃通。有众曰："善！"于是，清衢道，贮柳水，荐珪璧，蒸萧芗。日至西南两坛，稽首累百，仰面载阳，擎拳鞠跽，翣不御，盖不张，四顾踯躅。抑或云油油出远岫，徒跣而从方向望之。小儿诵祈歌先驱，周行环治里，方拟徐拜十步而一，疾拜五步而一，即面鼃黑，汗沾衣，不自知其胼胝也。既返，则鼙饼饵飨群儿。时而授餐，虽脱粟不饱家人，茹淡而苦，不许破戒。及旬日，而阳益亢，赤地若焦，有众皆解，侯蹐地若无所措，踽天若无所容，俯而思，仰而叹，曰："夫神，民之主也，神宁弃吾民？长民者无良，而嫁之祸耳！"乃复吁告岐山之灵。岐去治二十里，山巆有塔，塔下有怪石焉。状若露盂，中凹可受天水。旱甚水竭，传主者仍注水其中，亲抱干之辄雨。遂更设坛斋，瀹而直陟其巅。崎岖仄险，躬修祀事。申云："令有毁政，神当降割于令，毋久结狼暑，令百姓焦愁也。"日中始昃，回步蹇辛，半憩于麓之崇光岩。藿食休众，犒僧助闵。出望，骄阳塞空，赫炎如故，田中水车辚辚杂闻。痛念五湖七泽水不贫，何老龙一惮屈伸至此哉？燥不为阴，归不成寐。忽初更，油然作云，喜报雨征。子夜雷雨大作，大[②]众欢沐，犹虞破块不终日，喷洒颠狂，竟尔优渥霑足，慰满三农。望所为祥霖甘澍者，是已坎者有获，衍者毕登。乃聚万众，归恩于侯。侯避席曰："上之泽也，百神之灵，邑君子之格也，巫祝之所有事，诸父老之勤也，职何有哉？"夫天之高不可以自理，而寄之山川；地之厚不可以自运，而凭之鬼神。侯之积念，精忠其昭，假有日矣。天旱求诸仁，仁洽而时丰；国旱求诸德，德润而泽流；人旱求诸政，政清而俗阜。古有三解，侯其应之。侯之贤声，卓有政谱，入人者多。近无滞狱之冤，迩有卫城之勚，故折狱而雨安之，所以相楚也，兴师而雨卫之，所以讨邢也。致岂偶然哉？不然，亦有虚修祷事，所祈如缫者，猥云天道迩哉。代谢相乘，亢极则反，会逢其适，恶用贪天之功？惟侯抗志回天，旷日持久，即群心解体，神益王，礼益虔，卒之兴稿沃硗，嘉生蕃殖，高而卑，迩而远，于是乎有天。侯在官美政，不容谀辞。是举也，法得直书，乃内父老之言，以镌不朽。侯举壬戌进士，讳③元飚，浙之慈溪人。（雍正《揭阳县志》卷七《艺文》）

校：

①崇祯《揭阳县志·艺文》是题下有注曰：饶平司业黄锦。

②崇祯《揭阳县志·艺文》，"大"字作"有"。

③崇祯《揭阳县志·艺文》，"讳"字作"冯"。

# 冯侯祠记

岁戊辰，不佞锦奉节为祀海使者，归次博罗，韩夫子载酒江门，言曰："子北来，亦闻东南有健令乎？"锦曰："是非榕侯冯尔弢耶？尔弢，吾兄弟也，生平恂恂文弱，遇大事则坚毅不让贲育。至于与人披肝沥胆，绝去形迹，目中不见有一人不肖也。为政无类是欤？"曰："子归而循声四茂，耳不胜侧矣。"不佞抵郡，则有为侯颂饬典张令者，则有为侯颂震敝疏淹者，则有为侯颂条征输、覈田籍、克庭质讼诃、摘埋匿者，则有为侯颂闭阁之思、柱后之断、抱婴之爱、拔薤之威、经术之理者。而侯神勇，下车破伪赞明王五百人，节次设奇，毁贼舰，收甲杖，俘馘生缚，功已历历纪录御史大夫、御史矣。居无何，揭人拟祀侯，侯大恐，谓："父老子弟不知予不肖，窃窃行荀安阳、狄彭泽故事，是不急当务，且令我有杓人之名，可乎？"议稍寝。不佞闻而益信侯也。尝与郭仲常先生西郊咏瞩，忽有报敌薄京师且亟，侯与仲常投袂起，草檄募岭海壮士，约身赴之，上书当事，刻期欲往。会山海寇并发，为当事者阻。既而海寇就歼，而山寇连江、闽之众数千人掠境上，人心岌岌，侯又与仲常率所募壮士，联骑西行向贼，贼闻风披靡遁。一夜一日，夺贼三大营，平贼数百，日始没而走百五十里，入长乐界矣。凯旋，旺又苦旱魃，有言海上妖神为祟、须刲牲媚之者，侯立下檄曰："无功德于民，而南面设杖如王者仪，法当斩。"厝薪焚之，竟得雨。揭于是祀侯之心，益不能已矣！先是，侯申文请韩昌黎祀于揭，配以前主簿、阳明弟子季先生本，又闻高先生攀龙以逮死，谓先生尝尉揭，昌言请祀高名宦①。士民遂噂沓相慰，意乘此广焉，而预为侯所，侯能我拒乎？侯酌广文先生暨绅衿，得地于学序之背，广若干，纵若干。前筑射宫，颜以"观德"，中为堂祀韩，颜以"执神之机"，后一堂，欹敞如中堂，尤加丹雘，颜以"文起书院"，实储以尸侯。追侯以绩最听计于冢宰，揭人始得蠲吉，迎侯祀焉。撤书院之额，易为冯侯生祠。走书万里外，曰："今可以为吾揭绅衿、父老子弟志报侯事矣。"黄子曰："揭人亦知侯家法乎？昔者大咸先生守襄阳，时税珰陈凤以韦缇骑坐邑作爪牙，用大腹长鬣，衣绿拖绯，鼓威势，割剥人物，即监

020

司、台使者，第相顾太息，莫可谁何而已。先生密授方略，缚韦缇骑，置之法，救市人家投束薪燔其庐，裂焰四起，积贿一空，衢路欢呼如雷。先生缓缓乘肩舆还署，课侯辈读书不辍声。凤愤，百计蝎先生，不迁者至九年所。先生竟血食襄阳，襄阳人岁时伏腊奉之不啻亲，盗贼水火祷之不啻神。此非垂德之镜而储宦之谱耶？故侯向自述，亦谓太仆食不过一韭，鹑衣对客，与物无竞，窃效之，则得之太仆公也。夫侯治状襞绩，不胜渺迹。其御灾捍患，锄奸抑豪，正与襄阳先绩不少异，于尸祝一方也何有哉？然其不肯祀之心，令揭人迫欲祀而不可得，是惟大咸先生大德足以当斯，而荀、狄亦为杆人也。"君归，幸谒吾韩夫子云："慈溪弟子冯尔弢今已血食揭阳万世矣！"（雍正《揭阳县志》卷七《艺文》）

校：

①乾隆《揭阳县志》卷八《艺文上》，该篇此一段与此异，作"先是，侯见唐昌黎公德教在潮州，邑郡治悉皆立庙，而我揭独缺。申请上宪，为祠以祀，兼拟当代名宦为之配"。

## 詹事府题名记

詹事名昉于秦，应劭曰："詹，省也，给也。"言给事太子之官也。明兴，建大本堂，储经籍，召四方名儒，教太子、诸王。或于文华殿分直进讲，上亦时时赐宴赋诗。然多兼以勋旧。洪武二十二年，始置詹事院，起兵部尚书唐铎居之。后四年，改名府。永乐二年，储位初定，以吏部尚书蹇义、兵部尚书金忠兼领是职，而印篆亦以是年给，今所循用者是也。于是，两坊、经局，并择文学大臣为之，极一时之选。正统七年，改府署于玉河之东堤。其制亦因时损益。詹事总理一府之事，秩正三品；少詹事协理府事，秩正四品；主簿典文移，秩从七品；录事佐之，秩从九品；舍人职通展谒，品与录事同，皆有常员。而府丞及两坊大学士、司直、司谏等官不恒设，校书、正字今为史局中书所兼官。崇祯己卯春，锦承乏绾篆，与井研陈公演、晋江蒋公德璟，同登斯堂，叹曰："自永乐迄今二百七十余年矣，前贤官于是者，姓名或湮灭而不彰，岂非明时一阙典哉？"适有纂修《会典》之役，于是请之秘阁，出典籍参考之，补阙订伪。差次先后，会陈公有掌院之命，锦亦于是冬量移礼部右侍郎。终始其事者，蒋公之力也。嗟夫！天下事何者不成于协恭和衷哉？试履斯堂，一为寓目，姓氏爵里，世代皆具，又从而品陟其贤否，不亦昭代今昔得失之林乎？（《日下旧闻考》卷六十四）

## 海丰重修龙津桥记

今夫桥之称说，莫备于《诗》。其因造舟为梁而光显，又曰取砺取锻而涉渭，皆侯国事也，然《周礼·考工》莫详于此矣。是以长江天堑、天之所以限南北者弗具论。即衣带一水，两崖隔绝，既不克飞虹而入广陵，又安能折苇而成杯渡耶？南丰旧漾龙津，跨桥其上，当日驱山何铎、鞭石何人，应自有召五丁而役巨灵者。一旦圮于兵燹，遂使志期司马，无计留题；谦效子房，难从进履。丰之人于是歌苦叶、叹渐车，容敢褰裳以试诸不测耶？更为之倚木虚空，支藤啮址，或临流而叱驭，或蹈险而回车。鱼床鹜砌，望穷砥矢之遵；蚁折蛇趋，行失邯郸之步。李侯乃恻然念之。夫侯固龙门仙品也，以龙门仙品料理龙津，当致帝遣冯夷，为敕蛟身架碛、鳌辈撑梁。岂载捐薪俸，雅意便民？鸠聚匠心、斥挥斤斧犹难。观十一、十二月之成，而区区与郑侨同惠济者，故丈寻其具，取诸鬼运神输，彼采山无难色也；譬画其材，得诸倕良般巧，彼琢石尽殊工也。中类坦途，童叟任翱翔而往；边施栏楯，轮蹄鲜逸出之虞。是宁有罗浮邓守安良缘广募，而坡老为之解犀就绩耶？盖岂以"渔唱龙津"称邑中八景之奇胜？借匪桥通汉渚，人乐春台，彼荡轻帆而欸乃其声者，亦觉终焉未邑？今则益增酣趣欢腾，埤首矶头，是何如景象也？岘山有石，负赑堪镌，百尔丰民，其又安容己哉？昔蜀汉武侯送吴使于桥畔曰："万里之行，自兹伊始。"由是推之侯之晋陟，已兆于斯。若夫忆骆子川神晓赋，香动飘扬；想尧夫杜宇春闻，气分南北。此彝犹之事，志桥者所不载也。侯讳元①，登甲戌进士，闽之清漳人。（光绪《惠州府志》卷二十四《艺文二》）

案：

①乾隆《海丰县志》卷上《秩官》，"李元"作"李炫"；道光《漳平县志》卷八《人物》，"李元"作"李佷"。盖三志俱修于清代，为避清讳，是以别字替之，此"元"字固当作"玄"。

## 改建县署记

镇平未建以前，地属古梅州，里号怀仁，壤接义化。历代文物蔚起，风俗敦睦。旧为程旻处士感化之乡，称石窟，以分图非古也，厥后改州为县，仍隶程乡。追增设平远，则改隶平远。当设平远时，乡先正徐公铿持议欲建治怀仁里，后为虔州异议所沮。今三藩弗靖，整我师旅祸乱之萌，天将开一方治运，果复设镇平①。顾城堞、池隍草创方殷，向明出治，未获善地，精形家者蒿目忧之，上下沿袭，竟未闻出一鼎革议②。我胡侯初③下车，询民疾苦，轸余氛未净④，毅⑤然以再造为任。乃陟高冈，循⑥览周原，距旧治数十武而近，遂决筴迁治。⑦侯之言曰："茫茫堪舆，孰知真赝？然物有郛郭，亦有中扃。舍其中扃，郛郭是营，谓具眼与？"爰灼元龟，谋于黄发，手削数牍，详⑧诸上台⑨，金报曰俞。乃节浮冗，仍⑩捐俸薪，不支公帑，不侵民赀⑪，慰劳劝相，昼夜忘疲。自孟冬朔日，历仲冬朔有八日告竣。临水面山，千峰环拱，一带潆洄⑫，堂皇⑬肃肃，轩廊翼翼，官署吏廨，罔不整戢。侯乃集缙绅、吏民，落成莅事。于是，群黎百姓稽首颂侯功德，保障金汤，崇勋最绩，宜树贞珉，属余载笔，垂诸不朽。余尝考典故，侯烈祖忠勇④，翊戴高皇，爵封万户⑮，祥毓贤侯，实抚兹土。厥衷焦劳，厥操冰蘖⑯，天授聪明，博览群籍，九流之册，罔不综覈⑰，象纬在目，辟画在手，牍清蠹除，民安盗息，祖德孙绳，后先炳耀。然则侯之嘉绩，上足裨乎中兴，侯之令闻，下足阐诸后世，余则何以碑侯也？侯之德业，光映日星，侯之训词，贞⑱垂金石，余又何能代侯碑也？无已，则推广侯志，以正告百姓，且昭示来兹乎？夫《易》言"革"，而继以"鼎"也，言革旧鼎新也。"鼎"之六五："黄耳金铉，利贞。"其上九曰："鼎玉铉，大吉，无不利。"侯之占，符此兆也，乃以举事。夫侯莅兹土，岂不愿与耆老子弟蒙一日之安？顾以为不一劳者不永佚，鳏鳏⑲焉。先甲三日，后甲三日，率子弟之众，成磐石之功，亦愿与尔众辟山川之灵气，洗濯尔心志，庶几革旧鼎新，永奠基图云尔。若独不溯昔耶？昔之匹夫，以一人化一乡，令名传之青史；今之匹夫，奚故而瞑目，语难一呼，而肆毒万灵，至震慑天威。此两者亦足以劝惩矣！今圣明御宇，台司布列，天生良宰，挺起而再造尔邦，即有匹夫如程旻其人，无所施其义化。尔子若孙，自保聚怀仁之里，无忘侯之德。侯指日出入枢衡，应"黄耳玉铉"之占，旬宣兹土，将千载春秋俎豆，报侯德无疆。而尔比闾族党，亦世世庇侯之余荫于无疆矣！（康熙《潮州府志》卷十四《艺文》）

校：

①乾隆《镇平县志》卷六《艺文》，该篇此一段与此异，作"镇平地古属梅州怀仁里。嘉靖间，析程乡、兴宁增设平远，则改属平远。当设平远时，乡先正徐公铿持议欲建署怀仁，后为虔州异议所沮。迨王师削平三藩之乱，治运新开，果复设镇平，以资控扼"。

②乾隆《镇平县志》卷六《艺文》，是篇无"上下沿袭，竟未闻出一鼎革议"一句。

③乾隆《镇平县志》卷六《艺文》，是篇无"初"字。

④乾隆《镇平县志》卷六《艺文》，是篇无"轸余氛未净"一句。

⑤乾隆《镇平县志》卷六《艺文》，"毅"字作"殷"。

⑥乾隆《镇平县志》卷六《艺文》，是篇无"循"字。

⑦乾隆《镇平县志》卷六《艺文》，该篇此一段与此异，作"得地于旧署数十武之近，遂决筴迁之"。

⑧乾隆《镇平县志》卷六《艺文》，"详"字作"请"。

⑨乾隆《镇平县志》卷六《艺文》，"台"字作"官"。

⑩乾隆《镇平县志》卷六《艺文》，是篇无"仍"字。

⑪乾隆《镇平县志》卷六《艺文》，是篇无"不支公帑，不侵民赀"一句。

⑫乾隆《镇平县志》卷六《艺文》，该篇此一段与此异，作"面山临水，气象万千"。

⑬乾隆《镇平县志》卷六《艺文》，"皇"字作"阶"。

⑭乾隆《镇平县志》卷六《艺文》，是篇此一句作"余伏念侯烈祖忠勇"。

⑮乾隆《镇平县志》卷六《艺文》，是篇无"爵封万户"四字。

⑯乾隆《镇平县志》卷六《艺文》，是篇此一句作"焦劳厥衷，冰蘖厥操"。

⑰乾隆《镇平县志》卷六《艺文》，是篇无"天授聪明，博览群籍，九流之册，罔不综覈"一句。

⑱乾隆《镇平县志》卷六《艺文》，"贞"字作"直"。

⑲乾隆《镇平县志》卷六《艺文》，"鳏鳏"作"汲汲"。

# 重修潮州府文庙碑记

自古帝王御宇，干戈甫定，必以教化为先，非徒修太平之文也。为国之法，有似理身，平则致养，疾则攻焉。故以削平祸乱，非干戈莫以矣。而欲兴致太平，道民于忠孝之路，舍教养，奚从哉？三代相承，沿革异而建学则同，亦以学为贤士之关，而教养之本源也。故揭之彝伦以训迪之，范之礼让以约束之，邑之乐舞以荡涤之，使其日涵濡于忠孝之事，若饥食渴饮而不能已，造次颠沛而不可离，则非僻无自而生，此三代所以享有道之长也。秦不师古而吏是师，作淫威以愚黔首，是以咸阳之火继于燔书，治乱修短之故可知矣。潮虽僻在海陬，而人文夙称邹鲁，今乃不无少替也。虽其消磨于金革之气则然，亦上之人未有以振作之耳。甲午秋，三韩黄公奉朝命，以卓异来守是邦，适当逆乱水火之余，城中孑遗生存者什一，流离者什五，流而复返者什三。鸿号于野，鹊噪于巢，泮林飞鸮，载翔载集。瞻仰文庙，栋桡瓦解，岌岌有风雨飘摇之虞；堂祠庑舍，草长尘封，不能无铜驼荆棘之感。公至而为调停兵民之居处，既有次第，又谒庙而瞿然曰："守为一郡师帅，忍令教化之区削色至此乎？"白当道而重修之。又以潮方焚溺，未可望其向义也，乃悉出薪俸金钱，募工鸠材，量能受事，廉一能吏董之，厚其直而杜其耗。于是，民皆子来，趋役恐后。不数旬，而蠹者革，旧者更，漫漶莸废者治。上自圣像、神牌、筵俎，中洎庭庑、门阑，下逮泮池、围壁，无不焕然一新。迤东而明伦有堂，堂有甬道、斋舍；后则启圣有祠，祠有龛座、扉牖，莫不各各就理。甫成，适学使者以岁考至，入庙而荐馨，谈经造士之有地；春秋二祀，奉璋者、省牲者，行礼奏乐之有区；新进之英，环桥者、问业者，升堂入室之有序。与美轮美奂相为焜耀，不休有烈光哉！是役也，肇于三月朔日，成于八月望日。郡弟子员共请曰："古者盛德大业，必垂之金石，今黄公之新学，功伟矣！可无一言以垂不朽乎？"黄子曰："唯唯。功必待之金石也，固也。若公之功则不待金石显者，何也？仲尼，日月也，天地非日月，则万象不昭回矣，六经非仲尼则万古而长夜矣。天地不晦，斯道不晦，则羽翼斯道之功不晦，而何待金石显乎？然则鲁泮之有颂，何也？曰此鲁志也。鲁自齐人归地后，其君若臣，未闻有急于政治者，故诗人特借修学一事以张大之。其曰'顺彼长道，屈此群丑'，志倡也；曰'济济多士，克广德心'，志和也。上下交勉于道德，则愚必明，柔必强，内和外安，远人自服。故泮可奏功也。仲尼删诗录此，示一变至道之意也，非曰以颂之也。然则学仲尼之学者，宜何如？亦曰龟勉道德以无忘忠孝之训而已。若弄文墨以邀利达、以肥身家，岂独非公作人之意，亦孔门所羞也。敬因修学及之。"（康熙《潮州府志》卷十四《艺文》）

## 杨公功绩碑记（文阙）

顺治丙申年仲夏甲午之吉，赐进士第，奉敕存问，光禄大夫，太子太保，礼部尚书兼翰林院学士，前太子少傅，教习馆员，吏礼二部侍郎，知□□命、詹事府（下阙）子，赞善，翰林院侍讲、简讨，国子监司业，掌监事，□修十三经、二十一史、武经，辛未同考官，丁丑武闱总裁，（下阙）蒙□召对赐坐，钦赏三推阁员，予告八十一翁、通家眷生黄锦顿首拜撰（印）。太常寺卿辜朝荐，太仆寺卿邹鎏，太仆寺卿梁应龙，兵科都给事中谢元汴，吏科都给事中洪梦栋，督饷守备孙士龙，春元郑绍煌、欧逢春、林铨，贡元陈守镇、林有源。

**案：**

是碑立于今广东潮州市潮安区庵埠镇文祠之外，惟碑额六字、碑末落款尚可辨外，余俱剥落，已难尽识。兹据潮安杨焕钿藏拓本录其落款如上，以备考焉。

## 合邑乡宦颂刘侯德政序①

凡物留余者多，则其浚发也必巨，故有百围之干可以柱明堂而栋清庙，亦惟根宗焉。是植家世者，人之根宗也。周重世禄，孟称世臣，则知名硕之辈出，必緜于世数，而清流不出于浊泾也明矣。武进推刘为冠簪华胄，膴仕蝉联，甲第鹊起，与侯同登贤书者，皆已骎骎日月之际。侯笥有遗书、床留故笏，家镇清白之宝，厥惟世矣。语有之，贤大夫则畏垒于祠，乡先正没而俎豆于学，侯之祖与父之为也。侯以乙亥春下车宁邑，宁之明珠徙者复还，宁人乐而不可支，其乡绅陈一经等相率而徵言于余，丹青治行焉。余以为侯之治行，管城何能罄述？大约淡素性成，晶笼比洁，数行南山之判，粲五花而尘万象，何物赎锾，得貂续牒末也。老隶宿胥玩柱后，进贤于掌股矣，侯以次弹治，各惩噎而废飡也。两造多嚣讼而鲜输情，侯悉呼而前，如属垣而得情状，各厌伏罢去，不复问酒家慵也。租庸之督，日鞭朴而益逋负，侯寓抚字于催科之中，而檐载如归也。恶少樗蒲得计，侯侦其无商贩作务而鲜衣游食者，悉籍记②之，犯则重加惩创，无怙终也。地产毒草，间在亡赖，或因睚眦，或讼鬻业，稍不得志，则茹毒而甘心焉。且告杀毙，株连无算。侯直约③悉坐其家，无轻生也。银等任意低昂，祇长凌器牛犬，恣情屠宰，适阶舍藏。侯谕禁而风行草偃，无梗化也。客岁较④士于邑，物色殆无留良，而怜才一念，尤出缁衣至性。凡昔隶博士籍者，皆蒸蒸丕变，非复吴下蒙也。彭、周、虞、芮之讼，非萑苻之聚，冬烘巡司，几致军兴纷然，侯期期知枉，期期申文止之，全活者奚啻竹桥渡蝗之数也？侯之洁操若是，敏手若是，而浚发于世臣世禄之家，以之司百里而业褆万灵之福，以之弼五位必屹八柱之擎，特举而措之耳，而又何况乎绍弓冶者，重贤叠肖，亦清白传家之德世食其报也。敬因诸乡绅之请，而扬挖侯之百一如此。（崇祯《兴宁县志》卷五文纪）

校：

①题下原注曰："黄锦，谕德"。康熙《兴宁县志》卷七《艺文》，其题省作"刘侯德政序"，题下易注曰："黄锦，礼部尚书"。

②康熙《兴宁县志》卷七《艺文》，"籍记"作"籍计"；

③康熙《兴宁县志》卷七《艺文》，"直约"作"立约"；

④"较"当作"校"，此避明熹宗御讳。

## 方母詹太孺人五十八华诞叙

《易》首称坤安贞无疆者，寿之道也。论寿之道，以其所际者言之乎，抑本其所以立者言之（乎）？以其所际者言之，则介妇庶女声不逾阈，间有奇节伟行，亦野火星星；苟名门之媛、巨家之内子，不必当世之贤者，莫不期遥大之历，发为胥庆之辞。抑本其所立者以为言，绣帷金幄，藉荣以显，即崇褒及之，犹然故事。是以名门之媛、巨家之内子，不敢侈一日之豫，有所过祈于天，惟顺正以处，炯然自植，弗言祝厘，而常为吉祥善事之所萃，匪仅若介妇庶女之各以一节一行传也。不佞曾窃典史裁，因及中垒、临川诸记载，慨近代所表扬，其标奇不一，至于德备三从、履绥五福，则尤闺壼中祥麟威凤矣！乡有太孺人詹氏者，北流令养吉公之女、丁卯孝廉巽中君之配、辛卯孝廉孺子之母也。北流公炼砂勾漏，丹成挂冠，太孺人随宦往复，娴于女则，伯姬、贞姜之行，亦其性然。及笄而嫔于方，家翁分符括苍，太孺人身处膏纨，特能缉约操作，其间贤妇声一如孝女。旦丙夜鸡鸣，佐孝廉君以鲲翔者，尤非缟綦之所及；燕羽差池，端母仪以兼父教，所谓家有严君焉。孺子试累冠军，闻捷亦吾郡魁首，综核经传，涉笔弘远，久矣祭酒词坛！今春过吴门，偶取新贵牒丹黄之，辄价重鸡林，斯亦太孺人之仪矩之足以见于天下矣！孟秋届设悦之晨（辰），孺子诸同籍谊均若母，预期邮尺鲤征不佞之言。不佞夙交孺子父子间，北流公亦先方伯年契，故备闻嘉懿。兹特言太孺人之所立与古人之所际，盖有异归者焉。鲍太玄鸟飞南海，而鲍姑遁迹罗浮归于隐，太孺人随勾漏之游，以特表女宗归于贞；梁伯鸾志操清耿，而孟光疏粝举案归于和，太孺人俪孝廉之德，以嗣徽俎豆归于任；公父独阀阅名卿，而敬姜纤缋微安归于劳，太孺人席世魁之丰，以忍默著训归于恬。《礼》曰三从，其以三立不朽裕如也。宋欧阳文忠为一代师臣，庐陵夫人九十时，日夕对孙会宴语不倦。王右军却（郗）夫人九十时，孙尚书令侍祖母，问答婉愉，孺子殊有凤毛，在襁稍适含饴欢矣。太孺人享齿方望花甲，迟之三十年，兰玉盈阶，翟章重锡，所食报于天，洵兼古贤母有之，谓非"安贞自立，应坤无疆"也哉！诸君跻堂上觞，请歌《既醉》之章，曰"室家之壶，君子万年"，为太孺人颂也；曰"孝子（思）不匮，永锡尔类"，为孺子颂也；曰"永锡尔胤，天被尔禄"，为世世昌硕祈也。含《诗》与《易》以寿太孺人，言不溢而道则存焉已。赐进士第，奉敕存问，光禄大夫，太子太保，礼部尚书兼翰林院学士，教习馆员，前北京礼，吏左、右侍郎，知贡举，詹事府掌府事正詹、少詹、左、右庶子、谕德、赞善、翰林院侍讲、简讨，国子司业掌监事，辛未同考官，丁丑武闱正总裁，理诰敕，纂修实录经史，经筵日讲官，屡蒙台对赐坐，钦赏三推阁辅，予告八十翁，年家眷生黄锦顿首拜撰。（《惠来方氏族谱》）

## 王仰平传

王文礼，字伯逊，别号仰平，世居澄之信宁社。父平原公，先娶陈氏，生女配予伯兄玉田方伯；而生公者，则继娶刘氏也。公在稺年，吾兄携公并予同师张益轩先生，学为八股，公业大进。旋平原公见背，哀痛逾节，族戚里党咸以孝子称。及吾兄校士滇南，拉公同行，归不持一钱，且曰："彼为天子造士，奈何以客装累人？"其狷介如此。提躬正直，有所不可，必侃侃争之。亲党中有不决者，得片言立解，浸浸乎有鲁仲连之风焉。惜乎以青年树帜文坛，而竟不能与碌碌子衿争一旦之获，岂非命耶？予退处林泉，公每相过从，剧谈累日夜，不减总角同砚席时。绝口不以得失为念，知其所养者厚，进乎道矣！晚年，旁及地理诸书，得地师李世求之奥。以里居湫隘，卜筑于邑城之孔家墩，临水面田，可耕可钓，不惟得其气脉聚曾（会），兼得其城市山林，是以终身不仕而不厌也。及乙酉陷城，不逞之徒相戒不入其室，非甚盛德，乌能臻此哉？邑令每请宾筵，多方逊谢。悼外祖不嗣，捐赀为置隧石、立祭业。其训于家者，以敦伦为先。享年八十，称上寿。有丈夫子四，游胶庠者若而人。《语》不云乎"书不负三世"，予于公之子若孙是征云。（雍正《澄海县志》卷二十三《艺文》）

## 皇明戚畹诰封荣禄大夫柱国左军都督府都督同知蹺成李公墓志铭

赐进士第、通议大夫、经筵日讲官、知制诰、纂修副总裁、吏部左侍郎管右侍郎事兼翰林院侍读学士、前礼部右侍郎、知贡举官，詹事府掌府事正詹事、少詹、管理清黄、左右掌坊、武会试正主考，国子监司业署监事、修订经史，翰林院侍讲、简讨，《神庙实录》成加俸一级，襄藩正使、通家侍生黄锦顿首拜撰；

特进光禄大夫、柱国、定国公，奉旨知经筵事、充班首官、奉命册封、持节正使，左军都督府掌府事、两奉敕谕、申饬修省清刑、屡蒙钦遣恭代诸大典礼、武闱监试、坐守大明正阳等门，钦赐祭品、膳馐、蟒衣、盔甲、银币、花红、人口、扇钞、时鲜，前管后军都督府事、凤阳眷生徐允祯顿首拜篆；

特进光禄大夫、柱国、前军都督府掌府事，前掌府军前卫事、右军都督府佥书，奉命持节充正使，太子太师、彰武伯、眷生杨崇猷顿首拜书。

孝定皇太后之侄，曰蹊成李公，讳大本。其先山西翼城人，后有徙顺天滦县者，遂成滦县人。公生而丰彩非常，当光宗潜邸，蒙我神祖特用领班，侍卫东宫。东宫，即公筮仕之始也。继遇覃恩，授锦衣镇抚。暨光宗登极、熹宗改元，以先勤勋有年，复逢覃庆诸大典礼，历升都指挥使。嗣是今上御宇十有四年，其间登极、郊祀、祭雍、册立东宫、尊上徽号，恩遇恒叨异数。累进光禄大夫、柱国、左军都督府都督同知。公为人清勤端练，常①侍从光宗，首式令仪，为群僚率，雅为上所推重。值今上郊祀，极尽恪恭，钦遣坐守昭、亨等门，赐以佛像、盔斗、牛边轮丁甲、绣春刀、大红纻丝蟒衣一袭。先太后有成训，敕外家敛约自刻，而公尤谨畏小心，勉勉若不及。其事亲则纯孝无间，虽殁四十年，而永思如一日，荣封三代，大光于前。其抚弟则至情攸隆，及析其所遗产，而菲薄以自甘，克尽孝于②，不愧为兄。其教子则义方厥正，伯、仲、季三人，而彬彬其有成，请恩授职，垂慈于后。及今上减膳撤药、布蔬告虔，公亦退屏私第，简嘿修德，优游颐和，洁清明志。至公之大义表表、风度翩翩，其亦本于读书有得，是为天地之全人也。公生于万历辛巳年五月初八日，卒以崇祯辛巳年六月廿二日，得年六十有一。公元配许氏，诰封一品夫人，为南京左军都督府都督佥事许公从谦女。子三：光荣，锦衣卫堂上带俸指挥佥事，娶南宁伯毛公孟龙女。光秀，癸亥会举、锦衣卫西司房理刑百户，先公卒，娶锦衣都指挥陈公德清女，继娶锦衣指挥陈公大本女。光谱，锦衣卫南堂带俸散骑舍人，娶阳和副总兵王公相女。女二：长适锦衣都指挥佥事王肇庆，次适皇亲、锦衣堂上带俸指挥佥事刘绍祖。孙男八：滋盛，东宫侍卫、一等带刀，娶济阳卫经历王家栋女；永盛，东宫侍卫、一等带刀；世盛、隆盛、际盛、愈盛、嗣盛、启盛，俱幼未聘。滋盛、际盛、启盛，光荣出；世盛、愈盛，光秀出；永盛、隆盛、嗣盛，光谱出。孙女八：一适指挥应袭马捷，一适顺天府庠生薛棠，一适锦衣指挥叶维城，一未受聘，一受聘瑞府王亲刘邦楫长子，俱光荣出；一适锦衣千户应袭傅应魁，光秀出；一幼，未受聘，光谱出。外孙男三，外孙女四，重孙一。卜以崇祯十四年八月初五日，扶枢葬于西直关外钦赐祖茔之侧。余与公有同朝之雅，知公有素，其嗣君光荣等以公状征铭于余。铭曰：

昔在光庙，殚忠竭勤，推诚辅翼，潜邸载宁。绩彰劳最，盟府永贞。鳌奸守御，咸大厥功③。圣母眷注，异数殊恩。孝友克尽，荣禄丕膺。蜚声文武，矫为国祯。封先荫后，业实峥嵘。洁清其志，简慎其行。麟趾祥洽，瓜瓞庆徵。都城之西，郁葱嶙峋。式是后进，英轨徽尘。公评允协，德泽长存。（《新中国出土墓志·北京（壹）》下册）

校：

①"常"字犯明光宗御讳，墓石原字疑作"尝"字，今人排印书籍，回改作"常"字；

②"孝于"两字不协文意，《尚书·君陈》："惟孝，友于兄弟"，疑作"友于"；

③"功"字与铭文韵不协。

## 明经恢纮饶公暨配杨孺人合葬墓志铭

顺治十三年丙申十月朔，大埔饶希爕合葬其考恢纮公、妣杨氏孺人于邑西之小湖口，走使乞铭。余姻家也，熟其世，详其行，爰志其葬。其始祖四郎公以汀州推官子迁于埔，世有隐德。自四郎至松峰公，凡六世，以子贵，例授承事郎。自松峰至东轩公，凡四世，封奉直大夫、户部员外郎，为公曾祖。公祖、父皆起家进士，祖三溪公，官宪副；父宾印公，官中翰。诸兄皆登科，历膴仕。公亦以明经试于廷，掇高第。此其世家也。而杨于埔，亦称显族。公孝于亲，友于诸昆，睦于邻里乡党。其制行完洁，纯美无瑕。孺人亦克相其夫，事姑曹太夫人，得其欢心，安于姒娣娣姒间。其治家严肃，动履中则。当中翰官京师，公年二十，侍宦邸，孝敬备至。至不逾载，而中翰考终，尽哀尽礼，成人无以加。时辇毂中多同年旧故，赙赗特厚，悉谢绝无所受。选郎唐曙台辈咸叹曰："中翰不死矣！"万里扶榇归，母、兄大器异之。旋饩于庠，屡试冠其军，值数多奇，棘闱弗售。属崇祯改元加恩，公岁试第一，例当贡，以逊其侄。越四年，乃以次充岁荐。廷试魁天下士，例授县尹，不就。其逊让多类此。公善治家人产，孺人亦勤俭以佐厥成。然族、邑义举，则倾囊以应，知非徒封殖已也。如重建大宗祠，捐金一百有奇，修族谱，增烝尝，治桥梁，平道路，为费更不赀。人有贫乏及罹水火灾皆墍公而归，无不满意去。大抵公之为人，无声色嗜欲之好，唯孜孜乐善好义、诵读为务。故即之者，如春风、如煦日，如景星卿云，先覩为快。至今其宗族，群奉为典型，曰："公德厚矣，后裔必有达者。"此其行之大较也。其葬曰"小湖口金井窝"，坐西向卯，乃公手筑别墅，山水回环，松木繁阴，启圹有五色土，间作莲花形。堪舆家曰"吉，遂合窆焉"。公讳坦，字用掺，恢纮别号也。生于万历甲申年七月十六日，卒于崇祯癸未年二月初七日。孺人杨氏，白堠监生杨善女。生于万历乙酉年正月初七日，卒于顺治丁亥年正月初八日。子三：长希爕，恩贡生，授国子监学正，娶杨氏，乃孺人族杨全五女；次希本，庠生，娶黄氏，余侄知州黄鹤龄女；三希国，庠生，卒，娶沈氏，永定大参沈孟化孙女。女一，适湖寮黄□。孙男六：璘、珽、玟、瓒，希爕出，瓒过继希国为嗣；玮、璿，希本出。孙女五，希爕出者二，长适白堠增生杨士樑，次字程乡举人李梗三男恒焯；希本出者二，长字永定赖锋，次幼未字；希国出者一，字永定主政卢日就男化。曾孙男一：华太，珽出。绳绳未艾也。铭曰：

家门鼎盛，挺生伟人。学博才高，质美行醇。贤媛为助，亦莫之伦。视此篆铭，万古斯存。（《潮州文萃》第十九册）

## 薛益敦像赞[①]

庄乎其容，温乎其神。虽隐经商之中而有儒绅之概，即膺弁带之日不忘交儆之箴。厥字利谦，厥号益敦，真可谓不愧其名者也，惟尔子孙，绳绳振振，以服嗣其先人。（《薛氏族谱》）

**案：**

题下原注有"礼部尚书、太子太傅黄锦"一句。

## 䌷庵画像自赞

谓尔为我，尔则非我；谓尔非我，尔则似我。然徒貌我之形，而不得我之神，总之尔肖乎我。我为之我，父母生之，则求所以无忝于父母；祖宗庇之，则求所以光显乎祖宗；朝廷尊荣（之），则求所以报塞于朝廷；乡党亲朋毁誉之，则恐难得于乡党亲朋。虽顶冠束带于堂皇，而自视不异佣人；虽侍从论思二十有余年，而兢祗如一日。惟尔子孙，缘象得心得身，庶不愧我之子孙，真得我形神。（《饶平县志补订》卷十九《艺文二》）

## 䌷庵居士自述

居士名锦，字孚元，先号䌷存，后更号䌷庵，饶邑之宣化都鸿程里人也。自始祖古直公由闽入饶，至赠宫保若山公，已四世矣。锦为公季子。公艰于嗣，母赠一品夫人阮氏祷于高埠之七圣庙，梦神与以松子二，初举兄天鸑。既又梦空中授之以缝衣儿，于万历丙子九月初三举锦，时赠公年已四十二矣。生五岁，依伯父春山公居。幼善病，母为尝百药。学亦卤莽。十三，赴饶邑童子科，不利归，稍知奋。又数年，文宗亦不至。癸巳，始以科考进泮，列名第二，则闽陈荆山宗师也。又二年，陈章阁宗师岁试，补增。袁宗师至，又以增见增补廪。至浙朱恒岳宗师校潮者三，而皆列前矛，颇有声饶庠。戊戌，兄玉田登第，见其制义及诸名人房行稿，始知所以为文。次年，而长子延龄生。与兄玱闻赴乡试，见兄卷简切得捷，而己不售，益爽然自失。归与谢湛玄弟昆、夏力庸、林六尹十三人结社"震阳"。癸卯、丙午，多翩翩飔去，独予与二谢至己酉始从程江李二何年兄举于乡，卷出莆阳陈心谦师，时为广州司李，主考则浙邹平阶、赵如城二座师也，卷尤为如城座师所击赏。庚戌，下第归。因肄业南雍。辛亥，次子殿龄生。至九月，而赠公见背。才易吉，而赠夫人阮氏又辞世。茕茕哀疚中，集蓼读礼，相继八年，学业尽废。戊午夏，乃取道入闽，就玉田兄藩署读书，与山人何无咎相晨夕者四阅月。有"云净松阴筛桂影，日长蝉韵伴书声"之句。入冬，遂与玉田兄偕计入都，与同乡陈秋涛，闽中蒋八公、张晦中诸人讲艺灵济宫。未放榜，同兄先出都，道中闻力庸、秋涛得第，慨然曰："岂天终厄我乎？"归寻旧盟，与六尹、湛玄诸社友再理旧业。庚申，三子诏龄生。辛酉七月，买舟泊程江，候李二何取长媳毕同行，岁杪入都。场前拈题试笔，互为订可，洒然有得。献岁为天启壬戌，而果与六尹年兄同捷南宫。而予卷出博罗《诗》二房韩若海师门，时为春坊右谕德，而总裁则何君美、朱养淳二座师，俱文渊阁太学士。夏杪，得家报，知去冬得第四子诰龄，而六尹亦闻得雌，诸同年遂从席上酌酒贺曰："是可缔姻矣！"其秋，选庶常，卷为广信郑方水师所荐，时为正詹。甲子散馆，授简讨。首揆三山叶台山师题修神庙《实录》。乙丑，管诰敕。时魏珰肆横，欲建生祠太学中，佥拟转予司业，予以资叙不相应，向阁力争之，得免，乃题山西朱。亦有劝予营省试者，予皆不应，或嘲予曰："年兄何为踽踽凉凉？"予答曰："海外之人，不知径路何从？"乃求襄藩封差以行，而到家已是丁卯仲秋矣。居无何，忽闻悊[①]宗升遐（天启庙号），崇祯皇帝践祚，遂促装入贺。首揆施存梅先生悯予劳苦，命予仍管诰敕。数月，乃乞靖江、南海祭差归。冒暑触热下血，几不可起。庚午秋略瘥，乃束装复命，而余火未消，至留都而目疾大剧。欲回，同伴僧悦则劝予前途中服药。至兖州稍愈。至京入朝，以侍讲充展书官，得领分考之役。而《书》四房卷亦无多，日间稍为点阅，夜则不敢篝灯就枕矣。而所取亦多名士，如首卷沈延嘉，词垣、日讲有声，余或振采梧掖台斑，或树猷开府藩臬，或奏最郡邑，详李二何年兄《谱》中。至此，始转司业，佐雍六祭。课士之暇，奉命修十三经、二十一史。竣，乃拾级转赞善、谕德、右春坊庶子。题经筵讲官，纂修诰敕如故。以前《实录》成，加俸一级。每思二亲未厝，梦食不安。甲戌，始上疏乞归葬。到家而登涉山水者一年余，乃卜葬于黄冈浮山西林慕峰之麓。有门人刘长石（讳柱国，为潮守，后为岭东军门）到山拜奠，封树甫毕。丙子冬初，又驱车逃上，过博罗祭奠韩若海师。明日，朝差祭葬官王重至，亦一奇也。遂从羊城越庾岭出赣江，有《题张曲江祠》诗。闻江北流寇为梗，至仪真登陆，过太平，出采石，有和李青莲《凤凰台》诗二首，时门人太平守刘宪石（讳正衡）将诗勒石（后衡为粤东总宪）。及至都，已是丁丑元宵后矣。而前二日，有掌坊左庶子之命。其时会场房考已定，予避嫌未出，谢恩阁中。同乡黄玉崙先生到寓见予曰："喜迁左掌坊！"予曰："右辖转左辖，喜则有之。若左掌坊转右掌坊，何敢劳先生称喜也？"先生曰："我衙门凡有迁转，俱为可喜。"予自觉失言。迟数日，乃见朝。三月，为殿试掌收卷官。故事，赐宴三日，羊二牵。七月，陪推阁员。九月，点武场会，举正总裁，而华渭斋（讳琪芳）为副，加额三百名。阁臣以明年春，皇太子将出阁，豫题东宫讲官，稍以右庶子为嫌。乃于十二月，转予少詹，管理清黄。戊寅初春，题充日讲官。皇太子冠，赐讲臣表里二、白镪十两。二月，上御经筵毕，问讲臣"用人""理财"二事，对以"观治状、察条陈、宽诖误、量出入"数语。明日，出大司寇郑讳三俊于狱。四月初七，讲《书经》"无偏无党"节，同事谓上是日注听。十六日，荧惑守尾，修省。召考选诸臣策问，时有闽诏在讲官，请照旧制改饶之宣化下半都属漳州，予力言其非乃罢。六月初二，安民厂药局灾。是日，冢臣上枚卜，予叨列名，以灾不点。后数日点，外衙门四人，词臣一人——方讳逢年年兄。词臣多注籍，黄石斋以杨嗣昌未终制进阁为非是，争之激，得外谪江西知事。八月初三，予讲经书"皇极之敷言"节。初七，药局又灾。十三日经筵，予讲《书经》"六府孔修"节，同讲王痴庵以遗误认罪。明日，谕阁中讲章俱要从阁删订。九月廿三日，寇入墙子岭。廿三早朝罢，传内外乘城。予守西华门，与戚臣刘裕庵、都尉巩鸿图共事，朝讲亦不废。年终，赐讲臣年节二十两。己卯元旦十两。二月，遵旨敷陈，有《寇既遁归惩毖宜亟》诸疏，举边将才，杨御藩皆点用；又劝上亲相臣，有"欢同鱼水，密联簪榻"等语。三月初六日，得家报，有第三亡儿之戚。初八请诰，奉旨有"讲幄需人，炤旧供职"之谕。随撤坐门。十九，上皇太后徽号，颁诏臣子，得封赠父、祖如其官。阁中随题予升正詹，掌府事，荫长子延龄。明日命下，徽恩及祖及子，亦异数也。旧事，必三日始下耳。后数日，又陪推阁员。五月，点姚昆斗、张诏、白戎政、魏□海。而予毫不照管，尽日于詹事府置先师神牌、香案，购藏书于经库，设行马于门外，扁曰"六经如日"。俱捐资为之，有碑记。六月，题知制诰副总裁，赐鲥鱼。八月初六开讲，讲"大哉尧之为君"章，敷陈归之用人，谓尧时洪水、四凶，不无得人，而地平天成，劝上辟门畴咨。明日，有"诏对赐坐"之谕。又数日，处坏封疆者，而邓希诏、孙茂林二阉为首，举朝称快。十三日，经筵遇雨，命进殿中行礼。中秋，赐饼饴、酒馔。九月初六日，命枢辅杨嗣昌剿楚流寇，宠以诗，诗云："盐梅今暂作干城，上将宣威细柳营。此去搀枪须扫尽，还期教养遂民生。"曾记坐门时来请教，有乏才之叹，予曰："大才宜早储，中才则张示，司马门自有应者。先生兵书满尺，何事质之书生？"至楚果败。重阳，赐讲官酒馔、花糕，仍赐百官宴于五凤楼前，上亲谕焉。十月，彗星见参分。入冬日有雷雨，传修省。十五日，叙坐问劳，加俸一级。廿日，颁诰命，题恩荫。廿九日，升礼部右堂。十一月初八到任。见右堂门东古槐产芝一茎，冬有绿叶；西亦芝一茎，差小而色绀黄，另有记。十七日，上亲南郊，与左堂王痴庵为导礼官，上亲视神库、皇穹宇，随驾官不知铺毡，导上从砖地行。三更，随大宗伯林㷊内致词请神。讫，因赐早饭、午饭、甜食。明日，行庆成礼。十二月圣寿，赐讲官年节、元旦如前仪，送酒馔。庚辰正月初八开讲，予讲《书经》"周王抚万邦"节。二月初四，讲"维辟作福"节，而是日随面知贡举恩。初六进贡院，遇雨，有罡风，场卷多被火。有《和明远楼》诗。上于是科亲拔鼎甲三人、词林五人、科道、部属诸人，然吏、兵为多，颇有辟门之风。夏至，上亲北郊，予又为导礼官。数日前召詹、翰，而予与王痴庵皆前列，詹、翰而不与闻，则传者误也。遂点谢青墩、陈赞皇二人，然谢为冢宰，陈有内援，想召对时已定矣。后数日，予以寇屯义州，上《警报惊心》一疏，中欲用铳车、藤②牌、刀手。上见之嘉赏，因召对六部侍郎，予对如前疏。上曰："御敌前疏已自详明，但三眼铳不如佛郎机，且一时办不来，尚有何策？"予对以无备止得坚守，不可浪战。问救荒，予对以只得下抚、按谕州县劝赈。问漕运不前，予对水浅只得用民驳运，以后宜造小运船一半以济其穷。上曰："祖宗制度，岂可轻易？"予曰："事穷则变，变则通，岂云不守成法？"后闻上问辅臣，前推阁员时何无此人，辅臣何以置对，则外不及知也。及秋，予又密疏谓寇屯义州，多是茅房露积，乘此西风正繁，可密令总督遣胆智勇干者十数人，以火箭火炮夜行，潜烧其屯聚，而以三五百人在后呐喊助之，必可走也。已差内使付枢臣飞骑授督臣，而督臣回奏，谓无此等火药手。未几，张职方劾其逗留关内。不得已出札，松山围困二月，粮援孤绝而陷。然犹虚传殉节，冒邀恤典恩荫，谓之何哉？七月廿八日，开馆修《武经》，与山西李印渚年兄为副总裁。八月初五，皇七子生，赐大九卿红绒花紅丝一端，予以讲官与焉。又数日，追封皇五子为悼灵王。又数日，册封光庙襄庄诸嫔，予以佐礼效劳，有赏八金、五金不等。绘孝纯皇太后御容成。十月初八，召文武恭视，上中夜起，到归极门，而门已阁，上疏认罪，不究。翼日，遣内臣颁祭品至家，叩谢如礼。然自悼灵王薨，上多忧，思礼佛，朝讲稍稀。予入讲"仁者不忧"章。十九日，吏部会推予吏部左堂，管右堂事。廿三日命下，廿七日谢恩，廿九日面恩。十一月朔到任。初九冬至，上亲南郊，赐百官饼饴、素食，讲官酒馔。廿四圣寿不朝，赐讲官年节、元旦如前仪。辛巳元旦，不御殿，赐讲官酒馔。初十，予讲"居之无倦"章，劝上主敬，则自精明、自纯一，斯为纯心之治。是日赐宴。十五，赐圆子斋，捧者皆得沾，讲官另酒馔。十七日，因内察，先疏自陈，奉有"直讲佐铨，学行素著，益宜赞襄计典"之褒。廿八日，考京职，予避嫌不与闻。其夜，冢宰李讳日宣携一帙就予，见有旧刑垣王云台在，内开咨访，多圈"不携母之任、入京营干"等语。予曰："咨访事已经处分，城破母死，人子大痛，入京请恤，人子至情，奈何罪之？"冢宰畏予多言，遂撝帙去。予终夜不寐。侵晨，拜关圣，矢诸神。冢宰旁惶，召钱功司前，予言如初。功司曰："此系两衙门来单，那动不得！"予曰："若如此，安用吏部为？"迟明，则总宪、九卿、詹翰至，冢宰对总宪及予言，总宪王孺初曰："年兄柄用在郎③，奈何争此闲事？"予曰："黜陟，国之大典，事亦非闲！"二月初三，严旨下，有"多用乡贡士子及已经处分、丁忧在籍者，成何计典"，正合予言。而又再加搜索及无单数人以报，并列予名认罪，则初六日也。故予咏矩堂（系右堂扁名）藤花有"静里阅人如过客，闲中观物已穷新"之句。嗣后推京堂、巡抚，亦多苟且得罪，幸上知予不与事，不波及，而予亦决策图南矣。三月，阁臣以时艰求推阁员。时闻宜兴从宫掖营进，上谕首揆范曰："欲补阁员，当进首辅。今杨督师在楚，不如起旧便。"适南宗伯缺，予因见范求外补。范曰："本拟借重共事，奈何求外？"予以至情恳之再三。适范鞭朝房视爱书，不便屡渎。事竣，又恳之，乃私谓予曰："闻起旧，宜兴亦不敢强留，容入直移咨。"乃以察勘孝陵之役，会推予南宗伯，提调其事。时有粤东巡抚以潮之饶平于成化十四年割海阳秋溪，后经除还，因作小县入学，予向阁力争，得仍其额。五月初九命下，随疏辞。奉旨：卿端练恪勤，畀典留礼，已有成命，着即祗遵赴任，不必控辞。随以十六谢恩，十九面恩辞朝。廿八，从潞河与成国朱、新乐侯刘、大宗伯林先后出都。天旱河浅，日行不数里，予倡为闸河之说，成国难之。至东光，始用予言。稍前至张秋下载家庄开河等处，群盗如林，予谓成国须出一牌以招抚彼众，出一牌以禁戢吾军。成国曰："先生只管熟睡。"其后军士混入人家抢夯麦铁锅，几不免，幸前军回得解。其夜四边猖猖欲逞，以大雨达旦散去。至宜津江口，予从龙潭驿起旱。初十到任，迎接圣谕，有《司置乏人》一疏。谒陵，成国欲行祭告礼，予争曰："行祭告礼，必须朝中颁有祭文，且欲御讳，谁敢擅书擅读？"乃依予言，行告知礼。而日从三臣陟山陵、勘椿楂无刻暇。至十月，南都有入贺之行，卿寺诸人以途梗畏避，予因请行，有《典礼无能》一疏。十一月十三，有旨：呼嵩大典，各官规避不行，敬共何在？一面察明议处，一面定委前来，不得听其违避。其后各降俸有差。而予于十月十九早发南都，取道沭阳，入青州，每书办带米一袋。而留闸已晚发，至沙河被劫。十二月初五入京，得病。至十三见朝，有宴。随闻下考选、起废官，释黄道周于狱，龋凤逋，人心已慰。廿五，早朝午门。壬午元旦，上御殿受贺毕，进阁臣，上降座立东边，阁臣立西边，曰："《书》称'臣哉伶哉'，且讲官称先生，际兹元旦，朕当为先生一揖。"天语甚温。予幸以礼卿、旧讲官，遂队领班，际兹盛举，颇见泰交之象。使左右辅导得人，太平可致矣！初七日，予入阁谒先师。初九大雪。初十日，上南郊祈谷。十一，谢钦赏四郊告成礼仪十两。廿三辞朝南回。至扬州而虐交作，力疾请告，屡贺恩纶。至第三疏，始允归，有"候痊起用"之旨。到家，而次子殿龄得与乡书，出揭阳张公亮房。赴南宫下第。甲申五月，闻闯贼陷京师，烈宗皇帝遇害，痛悼欲绝，为家人持防救苏。乃设御灵家中，朝夕哭泣。自是而颠倒人事，匿迹山间，与僧人伍，不为生计，一切家园事业视为恶缘，绝扉靡闻。因程江李二何年兄见赠《年谱》，并为叙始末如此。

校：

① 据《明史》《明熹宗实录》，天启庙号为熹宗，谥悊皇帝，此作"悊宗"，当为"熹宗"之误。

② "藤牌"当为"籐牌"之误。案《筹海图编》卷十三籐牌图说，籐牌为兵器，其制用籐。又《康熙字典》卷二十五，籐音胜，藤音腾，义蔷，音义不同。

③ "郎"当系"即"字之误。

附录一

# 本　传

黄尚书锦，字䋆存。天启壬戌进士，选庶常，寻授检讨，分校礼闱，与修《神宗实录》。以少詹充日讲官，升礼、吏二部侍郎，晋尚书。甲、乙间，仍以耆旧见推。园亭觞咏之余，颇以法书为时所重。癸巳之变，图书一炬，家人多俘，伶仃孑立，苦境日臻。年八十又三以殂，可叹也夫。子殿龄，壬午举人，先公卒。（顺治《潮州府志》卷六《人物部》）

黄锦，字䋆庵。天启壬戌进士。博学能文，熟谙当代掌故。由庶常授检讨，与修《神宗实录》。适魏珰方焰，将建生祠太学间中，拟转锦为司业。锦笑曰："吾安能以好官贻万世笑端乎？"遂乞藩封册使以出。怀宗即位，始以少詹充日讲官，分较礼闱，所拔皆知名士。升吏、礼二部侍郎，晋尚书。敭历清华二十载，为朝廷倚重，三推阁员。以老乞归田。赐存问，加宫保。林下廿余年。工诗善书，学者仰为麟凤。享年八十三。子殿龄，孝友多才，登壬午贤书。（康熙《潮州府志》卷九《人物》）

黄锦，字孚元，号䋆存，晚号䋆庵，宣化都大埔里人。祖累赠文林郎、正奉大夫、光禄大夫、教授、布政、尚书允德，字松雪。父累赠通议大夫、光禄大夫、侍郎、尚书夙盛，字若山。子二，长天鬻，字结绿，邑诸生，次即锦也。锦幼从同祖兄琮学，颖悟绝伦。万历二十一年癸巳，十八岁，以县试冠军游于庠。再越年，食廪饩。既读琮、琦二兄制艺，为文益焕，烂奇轶犹。与同郡夏懋学、林萃芳诸知名士十三人，结社"震阳"，简摩学问，义理弥粹。三十七年己酉举于乡。明年下第，肆业南雍。丁外艰归。才释服，又遭母赠一品夫人阮氏丧。六年之内，泣血未曾见齿。时人拟为周之皋鱼焉。四十六年戊午赴闽省，兄留读藩署。己未，入都会试，复报罢，寄寓春明，获与陈子壮诸知公讲艺灵济宫。天启二年壬戌科，始第进士，选翰林院庶吉士。四年甲子散馆，授检讨。首揆叶公向高知其博学能文，熟谙当代掌故，疏荐与修《神宗实录》。五年乙丑，兼管诰敕。时魏珰焰方盛，欲建生祠太学中，拟超迁锦为国子司业。大笑曰："我脊有骨，安能效干儿义孙求好官，贻万世笑端乎？"以资叙不相应，向阁力争，得免。复有劝其谋省试差者，亦不为动。求襄藩册使以行。当时已有海外人踽踽凉凉之讯矣。七年丁卯冬事毕，奉命归里。怀宗即位，阉党诛夷。崇祯元年戊辰，乃赴京师，仍管诰敕。命祭南海，礼成归朝。道经博罗，谒会试受知师大宗伯韩公日缵，江门载酒，畅叙竟日，依依不忍别。抵京复命，以侍讲充展书官。四年辛未科会试，颁分考之制，授《书》四房校阅。所得士如沈延寿（嘉）、区联芳、王佐、刘正衡、刘柱国、严学恩、蔺刚中、凌必正、严师范、于重庆、王（吴）鼎、柯文（友）桂、张一如（如芝）、傅茂林（蒙麻）、王士章、柯文（元）伯、张绪伦等一十九人，俱一时俊髦，释褐登朝，皆伟望亮节，为明季荩臣。玉尺量材，世服藻鉴。五年壬申，转侍读。继迁司业。奉命修校十三经、二十一史。历转赞善、谕德、右庶子，充经筵讲官，纂《实录》、管诰敕如故。嗣以《实录》告成，加俸一级。七年甲戌，疏请回籍葬亲。九年丙子冬回京。先得房师韩文恪公讣，乃纡道博罗躬奠，报受知之恩。才销假，即拜左庶子之命。十年丁丑科殿试，充收卷官。事竣，赐宴三日、羊二牵。七月，陪推阁员。九月武会试，命为正总裁。十二月，稍迁詹事府少詹事，管理清黄。十一年戊寅春，皇太子冠，赐表里二端、白镪十两。充日讲官。上御经筵毕，问讲臣"用人""理财"二事，随有"观治状、察条陈、宽诖误、量出入"之对。明日，即出刑部尚书郑三俊于狱。锦值讲筵，数借以敷陈时政，上常注听。六月，冢臣枚卜，复与陪列。九月，清兵入墙子岭，京师戒严，谕与新乐侯刘文炳、驸马都尉巩永固守西华门。十二年己卯元旦，赐金十两。二月，遵旨敷陈，有《寇既遁归惩怂宜亟》诸疏，中间所举边才杨御藩等，皆见擢用。既又劝上亲礼相臣。以上皇太后徽号，覃恩百职，得赠祖、考如其官。适升正詹事命下，遂邀渥典。年前曾两推阁员，未或登庸，至是再陪推，置若不闻。日于詹事府置先师牌案，购藏籍，扩门庭，榜曰"六经如日"，撰碑纪其事。时有饶平宣化下半都割隶闽属诏安县之议，锦得报，力争乃止。六月，兼知制诰副总裁，赐鲥鱼。八月初六日，讲"大哉尧之为君"章，谓尧时不无洪水、四凶，惟得人为辅，则地平天成，请上辟门畴咨。越日，召对赐坐。又越日，治坏封疆者数人，而邓希诏、孙茂林二阉为首，举朝称快。中秋，赐饼饴、酒果。九月经筵，赐宴五凤楼。重阳日，赐酒馔、花纻。楚中流寇日炽，上命杨嗣昌往剿。嗣昌曾就寓咨询，有才难之叹，笑曰："大才宜早储，中才则张示司马门，自有应者。公兵书满尺，何事质之书生？"嗣昌至楚果败。十月十五日经筵，赐坐问劳，复加俸一级。十一月十七日，上亲南郊，为导礼官，赐早、午膳及甜食。二十九日，擢礼部右侍郎。十二月，赐年节金二十两。十三年庚辰春，知贡举。夏至，上亲北郊，命任导礼。以敌屯义州，上《警报惊心》一疏，中间条陈，欲用铳车、藤牌、刀手。上嘉赏之，召对部臣，咸曰："三眼铳不如佛郎机，但一时办不来，尚有何策？"锦曰："无之止竭力坚守，不可浪战。"询救荒，则有下抚、按谕州县劝赈之奏。询漕运，则有暂用民船驳载、亟造小船济急之陈。七月，开馆修《武经》，任副总裁。又密疏寇屯义州，多茅房露积，乘此西风正繁，速令总督遴遣胆智勇干者数十人，以火箭炮夜行，潜烧其屯聚，而以三五百人在后呐喊助之，敌必走也。上命内使付兵部飞骑授总督洪承畴，照策派遣。承畴奏以无此等火药手，遂不果施。八月，皇第六子生，赐红绒花丝纻各一端。册封光庙襄庄贵嫔，以佐礼劳，赐金八两。十月，迁吏部左侍郎，兼管右侍郎事。初八日，恭视孝陵孝慈高皇后御容成，遣内臣颁祭品至其寓庐。冬至，赐饼饴、酒馔、素食、圆子。十二月，赐年宴。是年，悼灵皇太子薨，上甚忧思，朝讲稍稀。锦则进讲"仁者不忧"一章，劝上主政，则自圣心自然清明、自然纯一，荷蒙嘉纳。十四年辛巳，京察自陈，奉谕褒以"学行素著，宜赞襄计典"。及考京职，避嫌不与。尚书李日宣袖案就锦，中有坐前刑垣王云台以不携母之任及入京营干事。锦曰："城破母死，人子之大痛，入京请恤，人子之至情，奈何罪之！"日宣去。侵晨，即矢诸关庙，必以理法争。日宣旁皇，召考功钱某前，锦言如初。钱曰："此两衙门来单，不得挪动！"应曰："若如此，安用吏部为？"迟明，总宪、九卿、詹翰皆至，总宪王道直谓锦曰："君柄用在即，奈何争此闲事？"锦曰："黜陟，国之大典，非闲事也！"未几计典上，有旨严责，果如其言。其咏矩堂藤花，有"静里阅人如过客，闲中观物已穷薪"，即指此也。惟以时事日纷，朝端各持其是，虽屡抗言，于国无补，决意离日下。值南京礼部尚书缺，遂求外出，得会推以南礼尚，察勘孝陵。至则成国公朱纯臣、新乐侯刘文炳必欲行祭告礼，锦则以宜行告知礼争之，卒如所议，而祗告焉。是年南郊，陪京卿寺例应入贺，诸官皆以途梗窥避，锦犹慷慨就道，报命观贺。十五年壬午元旦，上受贺毕，降御座，立东边，阁臣立西边，上向诸臣一揖，有

"际兹元旦，朕当为诸先生一揖"之优谕，锦以秩宗、讲臣，恭与其荣。十二日，赏郊礼赞襄劳金十两。十三日趋朝，回寓疾作，请假疏乞归田。三上，始允有"候痊起用"之旨。十七年甲申闻变，哀痛欲绝，闭户求死，家人惊惶环护。设御灵于中堂，朝夕哭泣如礼。迨闻安宗简皇帝即位金陵，赋诗有"王业尚存江左右，人心未解汉西东"之句。弘光元年乙酉，南都继陷。闰六月二十七日，绍宗襄皇帝嗣服，建都天兴，改元隆武。即起为吏部尚书，赐号"奉天翊运、中兴宣猷、守正文臣"。寻调礼尚。十一月二十七日，马士英欲入天兴，郑芝龙素与善，先为道地。事下廷议，群臣多依违其间。锦抗言不可，乃定士英罪名为逆辅，不许至闽。以二品考满，晋太子少傅，荫一子入监读书，礼部尚书如故。二年丙戌，时在福京，闻潮郡被兵急，疏乞援剿。旋奉旨给假三月，令回籍与惠潮新抚刘柱国议，乘胜出虔。以谢良有所募之三千众，听其调用。未行，而清师已陷闽，继下潮、广。绍宗殉国汀州。间关至厦门，观察海上情势，冀得一当以报君国。因病归潮，韬晦林下。桂王承统，以丁亥为永历元年。起任原官，征赴端州，因道阻年迈不能往，谨拜表驰贺。表达行在，帝眷念耆臣，遥加太子太保，赠三代如例。是年，寇盗四起，皆托恢复之名，到处劫杀，人心惶惶，不可终日。七月，有清下游守备李明者，率所部百余人入郡城，伏开元寺左右，谋与城外黄海如党应以袭城，势危甚。徇众请，即飞书召澄海鸥汀清参将陈君谔，带兵赴郡，协同清提督程珣等镇乱。与明礼科都给事中辜朝荐置酒寺中，伪与明计事以缓之。君谔突至，手刃明首。饶平土弁张瑞汉亦率部到潮，尽歼明党，郡城幸免糜烂。三年己丑，玺书存问，并诏地方官岁时致敬。顾潮已为清有，世宦之家多被抄掠，凶狠之徒，遇旧缙绅，每肆凌侮。锦乃远绝尘点，屏迹山林，与有道缁、黄订方外交。邑士林士科、黄鸿飞，少著才品，为所器重。士科庚辰登第，适有诏内外四品以上官，各举堪为州县一人，即以士科荐，授江西新城令，课最，行取御史。鸿飞为诸生时，尝随晋京，肄业太学，考授中书科中书，嗣膺选拔。二人卒成循吏、贞臣，皆赖所汲引奖掖以成。崇祯之季，与澄海南砂太常少卿陈良弼重修澄海程洋冈小虎丘丹砂寺；又于黄冈城西门外建五塘港石桥，县南郊之宝莲庵、海山之隆福寺、海阳笙坑之圆通观，皆先后提倡重修，复舍金置产为香火道粮。七年癸巳三月，镇潮总兵官郝尚久反正，永历帝晋尚久爵新泰伯，联结郑延平王成功，分兵攻潮阳诸县。锦与同邑梁少卿应龙、海阳邹副使鎏皆参其议，倾家助饷。九月十四日，尚久败，登金山，与子尧投井死。清兵入城，家属或殉或缧或散亡，财物尽被掠夺。事稍定，靖南王耿继茂始著其家输饷劳军，释放囚系，许逃者归家不问，已幸匿免。惟所有鳌埠、龙潭、鸥汀各处庄田，概鬻以抵赎，存者极少。越明年冬，诸孙始稍集。自是，沧桑抱痛，祸患警心，益晦迹，不与世通。清顺治十一年甲午，郡守黄廷献重修文庙。工竣，郡弟子员恳请撰文纪其事，于卫道明伦中隐含荆驼黍麦之戚。簪绅、韦布读之，无不感叹。锦固善书，官京师时，已名驰海内外，乞书者日踵至，属国陪臣具币帛附贡使求书者，亦络绎不绝。锦或日挥数十百方幅，了无倦容。然性和煦温厚，虽饰巾侍，终谢却交游。偶有端人正士叩门求书缣素者，亦勉应之。尤善为诗，每当抑塞，辄即景吟咏，聊以抒怀。十四年丁酉春，孙应兰乡闱下第，抵家遽亡，锦为诔词十章，悽怆沉郁，见者哀之。夏五月，卒于郡第，享寿八十有三。崇祀乡贤。其著述甚富，多付剞劂。顺治十年癸巳之变，版本焚散净尽。临终寝疾，犹手订年谱、自序家乘，今亦散佚，仅存《笔耕堂集》一书行世。溯自壬戌通籍，敭历清华，声闻弘廸。当假归，郡邑大夫谒宴勤谨，锦只询商地方利病，未曾一干以私。甲戌，给假葬亲，至丙子方回京。时门人刘柱国适守潮州，锦从不代人请托，地方有司弥加敬重。壬午，予告家食，郡太守为聂文麟，于锦尤尊礼。直指使柳寅东素钦其德望，巡方抵潮，请谒就教，濒行，书"玉铉冰鉴"四字榜其闾。锦于鼎革后十余年中，幽居养晦，收拾余烬，减缩衣食，锱铢累积，稍置田园以供祀事。课诸孙乐道无些怨，尤见于词色。故一时学者仰之为麟凤。吁！锦以五朝讲傅、八座耆英，数丁阳九，遭际若斯，其名固足称，其志洵足悲矣！（《饶平县志补订》卷十二《人物上》）

案：

是传略有删节。

黄锦，字孚元，号䌽庵，饶平人。万历己酉举于乡。天启壬戌成进士，选庶吉士。甲子散馆，授简讨，与修《神宗实录》。乙丑，管诰敕。时魏珰焰方盛，欲建生祠太学中，金拟转锦司业。锦笑曰："吾安能以好官贻万世笑端乎？"以资叙不相应，向阁力争，得免。复有劝其谋省试差者，亦不应。求襄藩册使以行。事毕，归里。怀宗即位，入都，仍管诰敕。命祭南海。复命以侍讲充展书官，分校礼闱，得士一时称盛。寻转司业。奉命修校十三经、二十一史。历转至掌坊左庶子、经筵讲官。复转少詹。戊寅，充日讲官。二月，上御经筵毕，问讲臣"用人""理财"二事，锦对以"观治状、察条陈、宽诖误、量出入"数语。明日，即出刑部尚书郑三俊于狱。锦在讲筵，每借以敷陈，上常注听焉。九月，清兵入墙子岭，京师戒严，锦与戚臣刘文炳、都尉巩永固守西华门。己卯二月，遵旨敷陈，有《寇既遁归惩惩宜亟》诸疏。举边才杨御藩，得擢用。锦前尝推阁员未用，至是复再陪推。锦若不闻，日于詹事府置先师牌案，购藏籍，扩门庭，榜曰"六经如日"，作碑记其事。寻知制诰副总裁。讲"大哉尧之为君"章，谓尧时不无洪水、四凶，惟得人而地平天成，劝上辟门畴咨。明日召对，赐坐。又数日，治坏封疆者，而邓希诏、孙茂林二阉为首，举朝称快。是年秋九月，命杨嗣昌剿楚流寇。嗣昌尝就锦咨询，有乏才之叹，锦曰："大才宜早储，中才则张示司马门，自有应者。先生兵书满尺，何事质之书生？"嗣昌至楚果败。十月，升礼部右侍郎。庚辰春，知贡举。夏，以敌屯义州，上《警报惊心》一疏，中言欲用铳车、藤牌、刀手。上嘉赏，召对六部侍郎，因曰："三眼铳不如佛郎机，但一时办不来，尚有何策？"锦曰："无之则止得坚守，不可浪战。"及□，锦又密疏，谓寇屯义州，多茅房露积，乘此西风正繁，密令总督遣胆智勇干者十数人，以火箭火炮夜行，潜烧其屯聚，而以三五百人在后呐喊助之，必可走也。上命内侍飞骑授总督洪承畴。承畴奏以无此等火药手，遂不果行。冬，转吏部左侍郎。辛丑，京察自陈，奉谕褒以"学行素著，宜赞襄计典"。及考京职，锦避嫌不与。尚书李日宣携案就锦，中有坐前刑垣王云台以不携母之任及入京营干事。锦曰："城破母死，人子大痛，入京请恤，人子至情，奈何罪之！"日宣去。侵晨，锦矢诸神，日宣旁皇，召考功钱某前，锦言如初。钱曰："此两衙门来单，不得挪动！"锦曰："若如此，安用吏部为？"迟明，总宪、九卿、詹翰等皆至，总宪王孺初谓锦曰："君柄用在即，奈何争此闲事？"锦曰："黜陟，国之大典，非闲事也！"未几计典上，有旨严责，果如锦言。锦咏矩堂（吏部右堂扁名）藤花，有"静里阅人如过客，闲中观物已穷新"，即指此也。适南京礼部尚书缺，乃求外出，遂会推南礼尚，察勘孝陵。壬午，以病请告归。甲申闻变，痛悼欲绝，设御灵家中，朝夕哭泣。未几，闻福王立于南都，赋诗有"王业尚存江左右，人心未解汉西东"之句。隆武即位福建，起为礼部右侍郎，赐号"奉天翊运、中兴宣猷、守正文臣"。寻晋尚书。马士英欲入闽都，郑芝龙素与善，为之道地。事下廷议，多依违其间。锦以为言，遂定士英罪名为逆辅，不许入闽。寻以优老，加太子太保。隆武二年，给假归，令与惠潮新抚议，乘胜出虔。以谢良有所募之三千之众，听其调用。未行，而清兵已陷闽，继下潮、广。锦韬晦林下。永历八年，故将郝尚久反正，锦与邹衍鎏、梁应龙皆预议，倾家助饷。尚久败，匿免。年八十三卒。锦博学能文，熟谙当代掌故，著有《笔耕堂集》。子殿龄，崇祯壬午举人。孙华，诸生，能诗工书法。曾孙熹、玄孙桂正，俱清举人。（《明季潮州忠逸传》卷三）

## 杂　录

王铎，字觉斯……壬戌进士……改庶吉士，授简讨……陟侍讲。约黄锦、郑之玄辞修《三朝要典》，至逢杨景辰之怒，竟不修。（《拟山园选集》卷七十六）

戊寅春，经筵讲官王铎讲《聪明睿知》一章，分疏敬信说字，反语太多，言时事又有"白骨如林"等语。讲毕，上怒责数言，谓其敷衍数语，支吾了事，全不能发挥精义云云。铎出案前，待罪良久。上命起来，又忘却谢恩。次日，乃上疏谢。其次讲《尚书》者，乃黄绚存锦，声细而哀，无一字可辨。上不怪而罢。同官卫紫庵允文语余曰："黄前辈讲《书》，恰似哭了一场。"余曰："正为王前辈讲不能称旨，可为痛哭者此也。"（《玉堂荟记》卷上）

何仕冢，号纯弼，字文定……与海阳黄尚书锦、吴尚宝殿邦、揭阳郭詹事之奇等十七人，以诗文相推重，而何为之长……举万历壬子乡试，仕湖广衡山县知县。（光绪《丰顺县志》卷六《人物志》）

绚庵尚书于丙戌冬（明隆武二年，清顺治三年），被逼无奈薙发留辫。癸巳三月（明永历八年，清顺治十年），清潮镇总兵郝尚久反正，尚书以先朝大臣，与梁公霖海、邹公石可出参谋议，倾家助饷，即去辫蓄发，复戴网巾。九月，郝镇败死，尚书家被焚掠，鬻产以赎，始获幸免，再薙发留辫，时有诮尚书为无气节者。盖尚书为保全门户计，故含垢忍辱而为此，其乃心旧国未尝一日忘。八十孤臣，止欠一死，人不之谅，苟哉苟哉！（《饶平县志补订》卷二十二《杂录》）

望云庵，在郡西北隅，俗名"王姑庵"，明季周王（讳政）郡主出家处也。当神州之陆沉，王仓皇，以郡主付黄绚庵尚书，间关来潮。闻燕京残破，遂祝发为尼，法名宜曔。尚书乃建庵居之。（《韩江记》卷七）

绚庵尚书于崇祯五年壬申，奉诏修校十三经、二十一史。余曾藏《陈书》一部，卷首有尚书序一篇，盖其所校刊本也。民国十二年，桓威上将军武宁李公协和以参谋部总长居摄，移节汕头，枉顾升平街寓楼，睹之如遇共球。越日，余持以赠。后李公筑"崇雅"楼于武宁城内，皮藏珍籍，《陈书》亦在其列。今李公往矣，所皮书存散与否，道阻莫得闻知。清季影印二十一史，即尚书修校原本，序则被删去。余当日失于钞存，及今思之，犹起怨惘。（《饶平县志补订》卷二十二《杂录》）

黄绹庵尚书少即以工六体名，行草更精妙。晚年家食，求书者众。故三百余年来，缣素遗人间者，尚有可睹。惟所书饶城文昌宫之"紫府飞霞"匾，字大二尺余，遒逸绝伦，真所谓腕下风云，龙蛇飞动。近年文昌宫废，此匾乃归余，现宝藏于桃榔山麓余所构之"韵古"楼中。尚书晚年感沧桑，潇然尘表。河内"圆通"观，犹为杖履常临地。于观前云根上镌"最上岩"三字，大约二尺，署款"绹庵居士"，较"飞霞"匾腴润。予曾两游岩，命工梯而拓出。今其拓本亦藏"韵古"楼。郡城西园"燕喜"楼榜，字体与"最上岩"同，虽无署款，的是尚书手笔。民国初楼废，榜则不知沦于何所。（《饶平县志补订》卷二十二《杂录》）

潮之俗字，谓本地风光，无善导耳。明季黄炯（绹）庵宦京师，一去常习，以钟、王为法，人重之，乡邦忽之，且以膺（赝）乱，何自欺耶？晚年致仕，竹林僧得最多，僧死尽散佚。大可两尺之"三世官（宫）端"，为乃祖荣太子参（詹）事建坊所书也。古厚，大踰常作，信可久仰，竟亦不永，刻石其可恃乎？（《佃介眉诗文集》）

附录二

## 明永历帝存问黄锦敕

皇帝敕谕太子太保、礼部尚书兼翰林院学士黄锦：朕惟尊贤养老，国之大典。昔光武中兴，优崇卓茂，为褒德侯；明宗嗣位，亦礼崇桓荣为五更，明老成典型、当世所亟赖也。朕轨法前修，敬承靡怠。以尔黄锦一代耆臣，累朝元老，文章黼黻，式重朝廷，礼乐光华，显昭郅治，既寅清之交懋，亦神人于允谐。岿然灵光，近在韩水，业亟敦召，俾重仪型。乃以年逼悬车，蒲轮难赴，特命存问，示朕殷怀。凡地方官，须岁时致敬，具候兴居，式尔人瑞，以为国光。朕将亲担割踞醨之礼，未或绥也。钦哉！敕谕。永历二年月日。（《饶平县志补订》卷十九《艺文二》）

## 贺宗伯黄绚老寿启

李士淳

先朝讲幄之亲臣，今日羽仪之元老，三冬硕果，长留天地之心；九转仙丹，全收古今之福。天人胥庆，朝野具瞻。弟幸以同谱之缘，厕附葭莩之末。如岁寒松柏，五十年共耐严霜大雪，誓不改其坚贞；若麻中蒿蓬，六七载同依紫阁枫宸，多受益于直谅。俛仰今昔，邈若河山。兹逢元老诞降之辰，弥笃生平向往之忱。虽道里修阻，跻堂称觞，愧自后于众人；乃窃寐怀思，颂冈祝陵，神日驰于知己。歌巴里之调，知无当于阳春；采沼沚之毛，希惟鉴其明信。（《三柏轩集文存》）

## 黄绚庵落花诗序

郭辅畿

晓风柳絮，夜雨梨云，人无计而能留，天有情而亦老。销魂哉！风景之移也。夫仙田芝草，笑天上之春秋；玉女琼华，怪人间之日暮，岂不可金瓯色相、磐石香城？顾乃时到残芳，犹忆旧痕在眼；天涯别绪，忽惊秋恨从头。弹雨泪而伤红，捧风心而增病，胡彼苍之梦梦若斯耶？嗟乎！金骨难成，玉颜易老，吊春魂于旧殿，呼才鬼于秋磷。蕙兰槁其骚苗，梧桐飞其根叶，荣华倏转，风韵邈然。绚翁黄年伯大人谬谓雕画尽技，几穷后来。有友某君，将焚砚于予也。夫赓是吟者，多如麻汁尘羹，墙满地器，辄思得一脔红摇为慰。然而菜心蕨芽，味复更胜。花如解语，必谓君辈当具淡月灵肠、青霞逸致，然后于烟中紫玉、帐里夫人鬓髯，吾轻余韵耳。思穿绣线难为结，取缀云鬟不胜簪，吾友亦痴想否耶？（《洗砚堂辑钞》卷二）

## 绚庵先生年谱小引

李士淳

士君子置身两大，自命千秋，所重者品也，所贵者名也，品立而名从焉。道可并行，而心不可并用。存心竖品者，根深而华茂，不求名而名自著；着意徇名者，务茂而离根，虽立品而品不真。《中庸》之论下学也，曰："君子闇然日章，小人的然日亡。"闇然者为其端于务实，的然者为其喜于近名也，此为己为人者之别也。绲庵先生，立身立朝，俱以正直忠厚为本。器宇浑涵，不露圭角，而识力坚定，时见锋芒。盖潜心性命之学，而湛于内养者也。今行年八十有二，而精力不衰，神气倍旺，犹能灯下作小楷书，不用眼镜，书法遒逸，逼近二王。寻常不轻操觚，兴至挥毫，下笔千言，灵心灏气，相逼而来。尤工诗赋，不假雕琢，自饶风韵，冲淡似陶彭泽，精邃似杜工部，晚益浑成，几于自然。由学有本源，久而愈精，非徒剽袭于声容色泽之间者。余与先生生同里，少同谱，仕同官。出处既同，声气夙契，今又联姻秦晋，世讲朱陈。先生性近忠厚，而内含贞心，实善藏其正直之气；余性近正直，而外全和气，不敢失其忠厚之心。先生沉涵德性，不专著述，直究学问本源，似宋陆象山；余研精学问，旁稽载籍，欲穷德性变化，似宋朱考亭。支派似别，渊源则一。余自谓知先生最深，惟先生亦若以余为知己者，若不及今发明，恐后之学者，不悉其蕴，溯流忘源，惘惘中途，莫知适从。余故表而出之，因为先生作年谱，行之于世，以诏来兹。（《三柏轩集文存》）

## 年谱题后

### 李恒焜

绲庵先生与大父二何公同举于万历己酉，先生壬戌成进士，在史馆七年。戊辰，大父始售，又以外拣知曲沃。幸叼钦取，得同官。己卯冬，先考北上，先生贺喜端门，以次君孝廉连姻戚。厥后，季孙讳华往来程江，谊愈加笃。戊子岁，先生元孙讳绍，为胞嫂内侄孙，冲龄省试至梅州，而嫂已逝矣。时先生曾孙广文讳巘，年犹壮也。癸巳北归，闻已捐馆。越甲午，而曾孙讳熺领贤书。甲辰，元孙讳桂正亦获乡。焜方念先生世泽绵长，不特福报隆隆，有加无已，如翰墨诗歌，贯绝一世，嗣徽如季孙，犹云亲炙，若从曾孙讳枢谟，去先生已遥，乃书法、文辞，雅遍京华。夫何从前景地，后先相望，而继武之音，渺不伦耶？爰校旧《谱》，不胜低徊？戊子解元、程江年姻世侄李恒焜顿首拜题。（《笔耕堂诗集》）

## 和黄绌存翰简

### 林熙春

鸿飞已倦欲投闲，四十年来好闭关。世事不知非与是，宦情那觉玦和环。
幸瞻池上凤皇客，转盼天边鹓鹭班。珍重篹修垂不朽，君恩千载重如山。（《林忠宣公全集》）

## 元宵后一日重饮友善堂赏珠灯过伍国开年兄一醉呈黄炯（绌）存少宗伯

### 陈是集

聚首枌榆星一闱，多情皓月尚赓辉。玄言乱坠珠仍缀，玉斝飞来花入帏。
不有文章惊海岳，焉将盛事傍兹薇？伍乔逸兴犹邀我，赛杀高阳酩酊归。（《中秘稿》）

附录三

# 《笔耕堂诗集》人物略考

## 孙杜平

### 何纯弼 （见卷一《送何纯弼之衡山令》）

何仕冢，字文定，号纯弼，海阳人（今隶丰顺）。明万历四十年（1612）举人，官衡山县知县（案乾隆《衡州府志》，何仕冢知县在崇祯五年）。与海阳黄尚书锦、吴尚宝殿邦，以及揭阳郭詹事之奇等十七人以诗文相推重，而何为之长。（详光绪《丰顺县志》卷六《人物志》）

### 李冏卿 （见卷一《读冏卿李公暨杨夫人合传》）

李养质，字涵淳，号慕劬，山西蒲州人。明万历十四年（1586）进士，由知县擢给事中，历昌平、洮岷等处兵备副使、陕西布政使，官太仆寺卿。太仆寺卿别称为冏卿，故李养质称为李冏卿。（据《明神宗实录》《明熹宗实录》、乾隆《蒲州府志》、《倪文贞集》《拟山园选集》）。子绍贤，天启二年（1622）进士，散馆改编修，历迁少詹事、詹事，官终礼、户二部侍郎。（《明熹宗实录》《崇祯实录》、乾隆《蒲州府志》卷八《选举》。案是诗本无注明受赠者姓名，兹据诗中有"仲子拜宫端""□附仲子籍"等句，因知此仲子必与黄锦为天启二年壬戌科同年而馆选者。考《明熹宗实录》卷二十三，壬戌科选馆者凡三十六人，其李姓者三人，李绍贤其一也。余二人为南昌李明睿、新城李若琳，惟其父等官职与诗意不符。复考乾隆《蒲州府志》暨《明神宗实录》《明熹宗实录》诸书，李绍贤父养质所历官，正与诗意吻合，是知此李冏卿即李养质也。又李绍贤父子，《蒲志》俱厥其传，兹综采载籍，为之表出如上。）

### 邬老师 （见卷一《寄杭城邬老师令孙》）

邬元会，字时泰，号平阶，浙江奉化人。明万历二十三年（1595）进士，两历知县，擢刑部主事。典试粤东，称得人（案《绌庵居士自述》："独予与二谢至己酉始从程江李二何年兄举于乡，卷出莆阳陈心谦师，时为广州司李，主考则浙邬平阶、赵如城二座师也，卷尤为如城座师所击赏。"）。官至徽州知府。（详光绪《奉化县志》卷二十四《人物传二》）其孙某，名字失考。

### 林季冲 （见卷一《读林季冲先生钦视祖陵颂》）

林欲楫，字仕济，号平庵，福建晋江人。明万历三十五年（1607）进士，官礼部尚书。隆武初，召入阁。寻归，卒。有《水云居诗草》。（乾隆《泉州府志》卷四十四《明列传十一》。案《崇祯实录》卷十四，林欲楫以崇祯十四年辛巳三月，奉命与成国公朱纯臣、新乐侯刘文炳、浙江提学副使王应华相视皇陵。又《绌庵居士自述》亦谓是年三月，黄锦以南京礼部尚书奉命察勘孝陵，并提调其事。则此诗题季冲即林欲楫号也。又，韩日缵《韩文恪公文集》卷十一《林季翀诗序》有云："余自读书秘苑，得兄事季翀林。"考光绪《惠州府志》卷三十二《韩日缵传》，日缵以万历三十五年第进士，考选翰林，与林欲楫谊属同年同馆。是季翀即林欲楫号也。又，乾隆《泉州府志》同卷林欲栋传，欲栋号翀汉。欲栋，欲楫兄也。是亦其号之一佐证也。钞本《笔耕堂诗集》作季冲，误。）

## 黄郡侯 （见卷一《凤城送郡侯黄》）

黄廷献，字懋徵，辽东人。清顺治十二年（1655），知潮州府。历升山东副使、江南参政。（详《顺治实录》、顺治《潮州府志》。案顺治《潮州府志》卷四《官师部》，自明万历至清顺治间，知府者凡二十五人，其黄姓者二，一晋江黄日昌，崇祯间任，一即黄廷献。今据诗意，似为黄锦告归而经兵燹之后作，暂存疑焉，以质有识君子）

## 成国 ［见卷一《辛巳秋奉命偕成国新乐及礼臣同相孝陵值成国寿日排律言贺》（中元后一日）］

朱纯臣，怀远人。成国公朱能八世孙。明万历三十九年（1611），袭封祖爵。历南京前军、后军都督府掌印，加太傅衔。甲申之变，为贼所杀。（详《明神宗实录》《明熹宗实录》《明史》）

## 新乐 ［见卷一《辛巳秋奉命偕成国新乐及礼臣同相孝陵值成国寿日排律言贺》（中元后一日）］

刘文炳，北直隶宛平人。明崇祯九年（1636），封新乐侯，加少傅衔。甲申（1644）之变，阖家自焚。福王追谥忠壮。（详《明史》卷三百）

## 黄石斋 ［见卷一《送黄石斋年兄谪编户归闽》（二首）］

黄道周，字幼平，学者称为石斋先生，福建漳浦人。明天启二年（1622）进士，散馆改编修，历迁少詹事、詹事。弘光中，起为吏部侍郎，晋礼部尚书。隆武拜武英殿大学士兼吏、兵二部尚书。清顺治三年（1646）被执，不屈死，年六十二。乾隆中，赐谥忠端。有《黄漳浦文集》。（详《明史》《钦定胜朝殉节诸臣录》《黄漳浦文集》）

## 无用禅师 （见卷一《访五子山无用禅师》）

僧如愚，号无用，本福建僧。明崇祯二年（1629），行脚至平远，创五子石石林寺。（详康熙、嘉庆《平远县志》。案：当时潮州缙绅多与如愚作方外交，除黄锦外，余如户侍林熙春有《送如愚上人归五子石》、布政黄琼有《赠五子山如愚上人》、给事谢元汴有《石林寺寄无用上人》等题赠，盖亦一时名僧也）

## 李晓湘 （见卷一《庚辰元夕李二何三郎得隽李晓湘姚谷神都中得雄挂灯会馆越夕再会庆灯伍铁庵有诗因步韵二律》《五凤楼前拜领诰命和李晓湘韵》《和李晓湘瀚园》）

李觉斯，字伯铎，别号晓湘，广州东莞人。明天启五年（1625）进士，散馆改给事，历官至刑部尚书。卒年八十四。著有《谏草》《端明堂诗集》。（详明代孙晋《大司寇李晓湘公传》，见《广东通志未成稿》）

### 李二何 ［见卷一《和李二何年兄韵》（二首）、《庚辰元夕李二何三郎得隽李晓湘姚谷神都中得雄挂灯会馆越夕再会庆灯伍铁庵有诗因步韵二律》］

李士淳，号二何，程乡人。明崇祯元年（1628）进士，由知县擢翰林编修。清顺治十年（1653），奉旨起用，辞不就。卒年八十。有《三柏轩三集》《燕台〈近言〉〈素言〉〈逸言〉》等。（详康熙《潮州府志》人物列传）

### 林紫涛 （见卷一《送林紫涛按楚视师护陵》）

林铭球，字彤石，号紫涛，福建漳浦人，占籍广东普宁。明崇祯元年（1628）进士，擢江西道御史，巡按宣大、湖广。卒年六十。有《西台疏草》《谷云草》《浮湘草》《怡云堂集》等。（详康熙《潮州府志》人物列传）

### 黄结绿 （见卷一《予为孝廉游南岩数十年往矣通籍后久客长安每思旧胜如隔蓬壶丁卯冬奉命还家辱友人招饮于此见多改观且及结绿先兄欣赏之事怅然不胜今昔之感漫纪一律》）

黄天鬻，字结绿，饶平人。锦兄。明诸生。（详《饶平县志补订》卷十二《人物上》）

### 聂苏门 ［见卷一《喜同年聂苏门公祖守潮寄赠》（二首）］

聂文麟，字孟仁，号苏门，江西金溪人。明天启二年（1622）进士，官广西参政。卒年九十。（详乾隆《金溪县志》卷五《政事》）先任潮州知府。为治悃愊无华。庭为嚣讼，门无苞苴。政暇，雅好衡文，季程月稽，孜孜不惮批阅，选刻《试士录》，前茅多飏去。同巡按李云鸿捐赀创"凤栖"书院，置田养士。两庠子弟，建祠祀之。（康熙《潮州府志》卷八《名宦》。案《金溪志·聂文麟传》作万历四十七年进士，《明清进士题名碑录索引》作天启二年进士，《索引》据碑过录，当可征信，兹从后者）

### 邵兵宪 ［见卷一《寄候兵宪邵公祖》（邵前为滇南督学）］

邵名世，字翼兴，无锡人。明天启二年（1622）进士，官山东右布政使。（详光绪《无锡金匮县志》卷十九《宦望》）先任岭东兵备道。正己率属，治不烦苛，清如寒潭皎月。士民立祠尸祝之。（康熙《潮州府志》卷八《名宦》）

### 夏力庸 ［见卷一《送夏力庸亲家自户郎请告归义安集杜》（二首）］

夏懋学，字力庸，海阳人。明万历四十七年（1619）进士，官户部郎中。（详康熙《潮州府志》人物列传）

### 石可丈 ［见卷一《又集杜二首兼怀石可丈》（时为襄阳守）］

邹鎏，字石可，海阳人。明崇祯四年（1631）进士，官襄阳知府（案乾隆《襄阳府志》，邹

鋆知府在崇祯九年至十二年间）。卒年七十八。有《可园诗文集》。(详康熙《潮州府志》人物列传)

## 刘宪石 ［见卷一《过采石题谪仙楼时门人刘宪石为太平守出践于此因步青莲韵》（二首）]

刘正衡，字元定，山东安丘人。明崇祯四年 (1631) 进士，官浙江温处副使。清顺治十年 (1653)，荐起至京，引疾归 (详康熙《续安丘县志》列传七)。先是崇祯八年 (1635)，知太平府。(乾隆《太平府志》卷十七《职官志三》)

## 姚谷神 （见卷一《庚辰元夕李二何三郎得雋李晓湘姚谷神都中得雄挂灯会馆越夕再会庆灯伍铁庵有诗因步韵二律》）

姚钿，字生金，号谷神，广州东莞人。明万历四十七年 (1619) 进士，官顺天府丞。(详民国《东莞县志》卷六十三《人物略十》)

## 伍铁庵 （见卷一《庚辰元夕李二何三郎得雋李晓湘姚谷神都中得雄挂灯会馆越夕再会庆灯伍铁庵有诗因步韵二律》）

伍瑞隆，字国开，晚号鸠艾山人，广州香山人。明天启元年 (1621) 解元，官河南兵巡道。有《怀山亭》《雩乐林》诸草。详光绪《香山县志》卷十三列传。案民国李洸《明遗民伍瑞隆评传》（见《广东文物》卷七），伍瑞隆一号铁山，其文中所附时人题赠之作，亦作铁山。是集之"伍铁庵"者，与伍瑞隆同姓同时，显系一人。所微异者，在其号"铁庵""铁山"一字之别，不知是集之钞误欤？抑其先号"铁庵"而后改"铁山"欤？兹姑定为伍瑞隆，而俟质君子焉。

## 吴生 ［见卷一《和吴生韵》（二首）]

吴生，名字、籍贯失考。

## 观非和尚 （见卷一《与观非和尚》）

观非和尚，事迹不详。

## 桂孙 ［见卷一《哀桂孙十绝》（名应兰）]

黄应兰，字挺芳，一字纫生，饶平人。锦孙。清顺治间诸生。工诗，雄邑逸丽。顺治十四年 (1657)，以省试归卒。(详《饶平县志补订》卷十二《人物上·黄殿龄附传》)

## 张益轩 （见卷一《赠张益轩师》）

张益轩，为黄锦之蒙师，余无考。

# 参考文献

［1］（汉）孔安国传，（唐）孔颖达疏，黄怀信整理：《尚书正义》，点校本，上海：上海古籍出版社，2007年。

［2］（唐）杜甫撰，（清）仇兆鳌注：《杜诗详注》，排印本，北京：中华书局，1979年。

［3］（明）陈是集撰：《中秘稿》，海南先贤诗文丛刊点校本，海口：海南出版社，2006年。

［4］（明）冯元飚修，郭之奇纂：崇祯《揭阳县志》，影印本，潮州：潮州市地方志办公室，2003年。

［5］（明）黄锦撰：《笔耕堂诗集》，民国钞本，广州：广东省立中山图书馆藏。

［6］（明）黄锦撰：《絅庵居士自述》，清雍正四年（1726）刻本，广州：广东省立中山图书馆藏。

［7］（明）黄锦撰：《絅庵居士自述》，民国温廷敬钞本，汕头：汕头市图书馆藏。

［8］（明）黄道周撰，（清）陈寿祺编：《黄漳浦文集》，点校本，悉尼：国际华文出版社，2006年。

［9］（明）李士淳编纂，程志远增订：《阴那山志》，广州：广东旅游出版社，1994年。

［10］（明）李士淳撰，（民国）李大中编：《三柏轩集文存》，汕头：志成公司，1933年。

［11］（明）林熙春撰：《林忠宣公全集》，清乾隆五十七年（1792）刻本，广州：广东省立中山图书馆藏。

［12］（明）刘熙祚纂修：崇祯《兴宁县志》，影印本，北京：中国书店，1992年。

［13］（明）杨士聪：《玉堂荟记》，台湾文献史料丛刊排印本，台北：台湾大通书局，2000年。

［14］（明）周光镐撰：《明农山堂集》，和潮文库影印泰国本，香港：博士苑出版社，2013年。

［15］（清）陈珏编纂：《古瀛诗苑》，清道光丁未（1847）世馨堂影印本，潮州：潮州市饶宗颐学术馆，1997年。

［16］（清）陈树芝纂修：雍正《揭阳县志》，影印本，北京：书目文献出版社，1991年。

［17］（清）陈衍虞撰：《还山文稿》，清道光二十六年（1846）凤城铁巷世馨堂合刻

本，汕头：汕头市图书馆藏。

［18］（清）葛曙纂修：光绪《丰顺县志》，影印本，台北：成文出版社，1974年。

［19］（清）郭辅畿撰：《洗砚堂辑钞》，清残刻本，汕头：汕头市图书馆藏。

［20］（清）郭辅畿撰：《洗砚堂辑钞》，民国钞本，汕头：汕头市档案馆藏。

［21］（清）林大川编，彭妙艳校点：《韩江记》，郑州：中州古籍出版社，2000年。

［22］（清）林杭学纂修：康熙《潮州府志》，影印本，潮州：潮州市地方志办公室，2000年。

［23］（清）刘抃纂修：康熙《饶平县志》，影印本，潮州：潮州市地方志办公室，2002年。

［24］（清）刘溎年纂修：光绪《惠州府志》，影印本，台北：成文出版社，1974年。

［25］（清）刘骏名原修，张天培增修：康熙《平远县志》，影印本，广州：岭南美术出版社，2009年。

［26］（清）刘骏名原修，黄大鹏增修：雍正《平远县志》，影印本，广州：岭南美术出版社，2009年。

［27］（清）刘业勤纂修：乾隆《揭阳县志》，影印本，台北：成文出版社，1974年。

［28］（清）卢兆鳌纂修：嘉庆《平远县志》，影印本，台北：成文出版社，1974年。

［29］（清）宁时文纂修：雍正《澄海县志》，影印本，汕头：澄海市市志办公室，1997年。

［30］（清）潘承焯纂修：乾隆《镇平县志》，影印本，广州：岭南美术出版社，2009年。

［31］（清）王铎撰：《拟山园选集》，清代诗文集汇编影印本，上海：上海古籍出版社，2010年。

［32］（清）王纶部纂修：康熙《兴宁县志》，影印本，北京：中国书店，1992年。

［33］（清）吴颖纂修：顺治《潮州府志》，影印本，潮州：潮州市地方志办公室，2003年。

［34］（清）于卜熊纂修：乾隆《海丰县志》，影印本，台北：成文出版社，1976年。

［35］（清）于敏中等编纂：《日下旧闻考》，排印本，北京：北京古籍出版社，1985年。

［36］（清）张廷玉等撰：《明史》，点校本，北京：中华书局，1974年。

［37］（清）周景柱纂修：乾隆《蒲州府志》，清乾隆二十年（1755）刻本，北京：国家图书馆藏。

［38］（民国）陈光烈辑：《饶平县志补订》，影印本，潮州：印行《饶平县志补订》编纂委员会、饶平县地方志编纂委员会，2009年。

［39］（民国）温廷敬辑：《潮州文萃》，钞本，汕头：汕头市图书馆藏。

［40］（民国）温廷敬撰：《明季潮州忠逸传》，明代传记丛刊本，台北：明文书局，1991年。

［41］（民国）邹鲁主修：《广东通志（未成稿）》，影印本，广州：广东省地方志编纂委员会办公室，1987年。

［42］佃介眉著，佃锐东主编：《佃介眉诗文集》，北京：中国文联出版社，2007 年。

［43］方克主编：《广东惠来方氏族谱·南国锦笺》，揭阳：广东惠来方氏族谱修编理事会，1993 年。

［44］薛端田编：《薛氏族谱》，1969 年抄本。

［45］黄舜生、许习文主编：《潮汕历代墨迹精选》，汕头：汕头大学出版社，2004 年。

［46］饶宗颐编撰：《潮州先贤像传》，汕头：汕头市立民众教育馆，1947 年。

［47］许习文编：《补读书屋藏明清法书》，汕头：汕头市博物馆，2015 年。

［48］杨得鸿主编：《历代潮人名家书画》，广州：岭南美术出版社，2009 年。

［49］《杨公功绩碑记》拓本，广东潮安杨焕钿藏。

［50］中国文物研究所、北京石刻艺术博物馆编：《新中国出土墓志·北京（壹）》下册，北京：文物出版社，2003 年。

# 四牧斋诗集

清·黄华 撰

# 四牧斋诗序

曾华盖

　　夫人而既往矣，举一生之声艳气焰，俱□销灭无余，独其所遗有韵之言，犹能使后之人于讽咏之下，如接其颜容笑语，以深得其性情，斯其人千古如一日也。所赖于诗，岂浅鲜哉？然吾观古今来，作者林立，多生有令名而没则已焉，皆缘门祚衰薄，继述无人。间有子孙非不贵显富厚，偏于祖父遗编，视若败纸，拚为饱蠹之具，良可慨也！余素与黄子太华游，太华少负才，于诸生中试辄拔帜。第性天轩豁，不减稽、阮风流，乃其诗日益有名，而书法之工，复足陵轹颜、柳。于是，当事咸加礼遇，而陈平家□亦遂车骑喧阗矣。惜遇不妃，才未逮，知非之六年，而遽赍志以没。然其著作已盈笥累箧，人获其片楮只字，珍之几如火玉凉珠。以海滨而论名下之士如太华者，宁得数觏耶？长君汝庸，恐其诗集不获终见于世，复以卷帙之繁，刻资告匮，乃取商之陈子比之，就中遴其尤者，得古风、近体共一百六十余篇，遂付剞劂，而丐余一言弁其首。夫太华之诗，余向往往见之，然亦九鼎之一脔，未尽披其全豹。兹手斯集，益叹其灵心慧句，无秋毫俗染，拟之唐人如随州、考功辈，挺起大历，自标风韵。人谓太华凤姿天授，而不知其本之家学者深也。盖其祖宗伯公绸庵及其伯兄文学纫生，前已掉鞅词场，虽屡值沧桑之变，而其遗草犹有存者，汝庸并梓之。将携之以游于燕秦吴楚间，遍质之当代名流，而不使卒湮于天末。乃叹子孙之贤如汝庸者，固亦不数数觏也。虽然，汝庸固能传其祖若父矣，而复得素娴风雅、为纫生之婿陈子者，一一为之订定，使得垂之不朽，斯亦天下后世论岭南风雅者之重有赖也。于是乎叙。时康熙岁次辛巳季春，年姻家眷弟曾华盖敬题。

# 四牧斋诗序

佘志贞

诗之为教，原于风雅，而本于性情。是故意之所至，则咏歌之，又长言而嗟叹之。其陶写景物之况，而极舒啸之怀者，总以适其志之所自适，而各得乎胸中磊落之致而已矣。岂徒绮章绘句，取青妃白，拟议于比偶声病之间，而以为诗在是也哉？古之论诗者众矣，沉雄排奡之气，雅淡幽深之韵，苍古巉峭之骨，虽赏好殊情，分曹递奏，莫不同祖《风》《骚》，归于正始。譬犹美玉种于琼圃，醴泉出于璿源，由数千载之下而溯乎数千载之上，"三百篇"温厚和平之遗意，可仿像而得之。黄子太华，生而颖异，稍长嗜学能文，英英魁杰，树帜艺坛。临池挥洒，得钟、王笔法。三余之暇，辄肆力于诗歌。凡剪烛开尊，花朝月夕，以迄鼓访戴之舟，蜡登山之屐，一一皆寓于诗。适意孤行，自成天籁，含英咀华，叶金石而中宫商。非犹夫摹拟捃扯，剪剪拘拘于魏晋三唐之为诗也者。使天假以年，获翱翔禁苑，而作为歌章，上之清庙明堂，讵肯多让前人？而乃数奇不遇，郁郁以终，是可叹也。予与太华谊联姻戚，相去距百里而近，然岁不常聚，即聚亦不能久。每连床促席，则浮白大醉，醉辄高吟，慨慷淋漓，虽数十年如一日。嗟乎！遗稿犹存，而音容早逝。向常侍不忍过山阳之庐，余何忍读太华之诗哉？而况为序而弁其简端。有不禁凄然泪下者，又何能搦管成文也耶？然而不敢辞者，则以畴昔相知之素，而其照乘连城之制，欲缄默而不能自已耳！爰不揣固陋而为之序。时康熙岁次壬午季夏，姻弟佘志贞拜题于金台邸舍。

四牧斋诗集

韩江黄华太华著　男巘汝庸编授梓

## 游白水岩

未至白水岩，已爱白水路。一径入青山，出没峰边树。
树隙稍窥岩，松色蒙烟雾。远知此岩际，云涛无朝暮。
近岩石益奇，状若牛豕聚。崩剥不肯同，石意当有故。
隔涧拜丈人，一泉石边吐。终古岩壑内，白日飞雷雨。
过涧立泉旁，声光履下度。冷然山更深，黄花落无数。

## 村　宿

陂外来樵苏，林端出村落。日夕行旅倦，叩扉语投宿。
饥渴值新炊，草草欢意足。详悉桑麻事，即物见风俗。
饭罢正晚凉，拂衣坐乔木。林天寂然静，月出清且穆。
夜深闻暗泉，起步探水脉。乱声满月前，久立若有获。
此际欲忘寝，回对东林白。

## 大　坑

此地妙于泉，一股带寒色。起止云景内，涛声动虚白。
溪边数古窦，寒影覆危石。藤萝交翠光，鸟声来寂寞。
雍高耳目幻，向下视苍黑。溪声忽在空，微茫远沙迹。
白者不可见，水沙同一赤。何以高低际，眺听俄然易。
因思数日游，此景那易得？

## 过起云庵

一寺幽光里，到来生意微。鬼神清拜揖，钟磬肃仪威。
云破僧声渡，风高塔影飞。兴阑逢歇处，日暮不知归。

## 冶婢行

可怜窈窕谁家儿，流年三五发齐眉。双眸炯炯射秋水，有时微渺令人思。
自嗟命薄未有主，低头伣志同侪伍。生有命兮命有殊，未敢私图君子取。
劳劳井臼兼女红，朝作夜作与众同。近来春风到幽谷，得侍床帷唤阿红。
私心窃喜叨君盼，未敢人前矜娇面。潜来宛转与君言，此事应防旁人见。
爱君倚君君自知，中道弃捐勿尔为。

## 溪　行

返照乱流急，微风送夕凉。林峦共杳寞，天水相微茫。
芦倚洲初白，橙垂圃正黄。相看无远近，新月吐幽光。

## 夏夜斋坐寄怀陆子威

断雨虫声里，渺然独坐情。故人心正远，阶草夜方生。
残柝寒犹响，幽灯孤不明。相思与无限，脉脉度深更。

## 寻大坑林石（时九月）

幽光归水石，澹澹此来心。云影变昏晓，泉声通古今。
物情已自冷，秋意更何深。日暮吾将返，飕飕林木音。

## 题　画

一派佳山水，知从何处游。晴天林寂寂，落日鸟悠悠。
岚色犹为夏，溪声自作秋。苍然烟景意，朝夕满楼头。

## 途中作

春深花事已阑珊，满目苍深纵远看。野渡自闲亭畔树，新鸥欲下石头滩。
荒城半与斜阳灭，远水全将暮色寒。寄语东风须我待，前途烟景暝无端。

## 雨坐王次石斋头同喻天声作（分得秋字）

小轩对坐湿云留，景物萧条况倍幽。水色微茫全带雨，林声历乱尽归秋。
花前酒力频频发，竹里茶烟浅浅浮。兴至殊忘谈笑久，寒风日夕更飕飕。

## 雨夜有感

夜深风雨不堪闻，无限秋声户外喧。忽忆往年今夜雨，梦中犹有旧啼痕。

## 别内兄佘嵋洲

依依陌树阻行津，复是寒深别故人。相送无言强分手，丈夫何必泪沾巾？

## 见溪边浣衣妇

一带寒溪抱小庄，三三五五浣罗裳。群中各说春来事，共笑小姑未识郎。

## 不寐与陆子威联句

梦寒心易怯，林静月归床（太华）。幸有同心话，遂忘此夜长（子威）。
秋声生暗响，露气发幽芳（太华）。不觉天垂晓，相看别思忙（子威）。

## 农圃渔樵四咏

### 农

稻田刈尽水云空，箱廪高低远近同。乞得黄绵新袄子，牵牛曝背石门东。

### 圃

横冈沙土最宜莳，雷雨园蔬尽吐葩。玉版师芽新斫尽，翻泥又种紫花茄。

### 渔

茅屋关门松叶低，老翁睡起日高时。夜来听得前溪雨，急促儿童补网丝。

### 樵

丁丁伐木万峰霜，寒日斜光古路黄。挑到山厨连叶爨，突烟多半是松香。

## 乱后不知叶白也所在

老矣方颠沛，无人问死生。干戈诗业废，宇宙腐儒轻。
世久无鲍子，途空哭步兵。艰危谁倚仗？慨叹几时□。

## 哭王汝振

闻讣遥相吊，惊疑是耶不？此人何速朽，余子乃淹留。

琴哑空床夜，剑埋古狱秋。驴鸣不可作，抆泪向江流。（其一）

天道从难问，于君转不平。高堂无侍子，泉路更呼兄。

一地饥寒骨①，三年藜火情。亦为斯世惜，匪独念同声。（其二）

案：

①原注云：其弟先亡五日。

## 送林维高

一别乡园岁月更，飘零衰鬓更长征。对床夜雨三生梦，酌酒春风万里情。

故旧何人怜范叔，文章此日贱长卿。不堪重把离愁说，听断阳关第几声。

## 严先生

子陵忘帝贵，何论汉公卿。区区谏议郎，宠禄徒相婴。

命驾为素心，宁钓高士名？羊裘忽归去，春江凉雨声。

## 留　侯

子房非仕汉，始终报韩心。一击倡群雄，三世感何深。

如何楚项羽，覆辙仍狂秦。假手隆准公，借箸费精神。

实由良用汉，匪缘帝可臣。末路更奇绝，赤松沦其身。

韩彭菹醢尽，何如辟谷人？

## 宿馥公僧房

方笠枯藤衲子装，闲随巢燕寄僧房。花埋红雨当三月，城带青山入夕阳。

古寺庭虚封薜荔，荒陵碑废上牛羊。桐阴话罢茶烟冷，又听钟声出上方。

## 途次潘段

客路青山去几层，斜晖茅店记初程。空庖断肉烟□瘦，野碓无粮水不鸣。

半面池塘耕鹭影，新秋林野织蚤声。驱车明日知何去，岭色苍苍待送行。

## 清夜煮茶

雪浪松涛到耳秋，忽然岩阁冷飕飕。不须更借龙团饼，一夜空山梦枕流。
春浮花气浪浮烟，七椀玉川便饱眠。犹笑先生清兴浅，松枝烧涧峡中泉。

## 竹节蛏

风俗未知重，朵颐予独欢。截来湘管绿，剖取玉浆寒。
滑作冰消箸，辛兼韭入盘。老饕需下酒，得此不曾难。

## 自去夏兵事后杳不知雪公去向又闻别苑已落为丘矣

支公定何往，香刹竟成灰。无复龙听法，空多草覆台。
茶铛新火歇，斋磬旧禽来。何日干戈靖？人天觊锡回。

## 予偶因愁郁成疾医者用灸得愈作诗赠之

始信忧伤肺，多君技得名。火攻非下策，城府遂销兵。
开卷双瞳炯，寻花两屐轻。惟余疏懒病，针砭未能平。

## 与刘茂十及诸同人游石壁庵

招提迥出翠崖间，好友相邀亦胜缘。双树和云标上界，千峰依磬立秋天。
泉通涧道浮花出，僧扣岩扉乞米旋。每向名山痴欲绝，余生几费草鞋钱。

## 圭海杂诗

积水疑无地，层峦欲倚空。入疆语音异，问俗冠婚同。
父老悲兵事，城潢壮霸功。闲来独吊古，浩叹起长风。（其一）

岭外称雄邑，苞桑巩地形。潮吞双港白，山拥戍楼青。
墙橹番蛮集，鱼盐市井腥。寓居虽郭外，枕席即沧溟。（其二）

## 忆　家

岂不长为客？别家乱后难。断魂江上草，孤影雪中峦。
梦畏乡关改，尊消岁序寒。悬愁应两地，书寄问平安。

## 寓圭海作

负郭柴门映远岑，半将江色入帘阴。新花自答池边影，暮雀闲窥几上吟。
垒块半生凭酒化，穷愁何处寄天深？故园知己应相念，尺素缄成怅雁沈。

## 春日同李豹君吴鱼男张镇璞林幼宗游常春岩步韵

到来幽赏值芳辰，古洞萝封觉易曛。松影指人通小径，溪声和鹜入层云。
遥探峰翠将笻引，平剪岚烟与佛分。览胜何须学携妓，寒香孤磬自为群。（其一）

闲却劳生半日游，新花疏竹一岩幽。榻争老鹤巢边树[1]，帘泛轻鸥渡□舟。
断续危桥欺屐齿，微明孤月瞰城头。犹嫌暮景催人急，不假芳菲烂熳留。（其二）

案：
[1]原注云：僧有寄榻于木末者。

## 挽梁衡峰

已矣从兹笔研焚，风流顿尽死生分。十年有子能知我，举世何人尚哭君？
谁道骨寒真足死，始知天妒却为文。伤心懒踏西州路。断雁孤猿不可闻。（其一）

存亡惯见转无情，泡影而今悟此生。后死焉知非速朽，再来何异一回醒？
诗篇自可留名姓，水月如先作墓铭。他日白杨亲系马，思君何啻作驴鸣？（其二）

## 严寒往寻刘秀才不在归坐室中独酌

冒雪寻高隐，柴门闭晓烟。岂为采药去？更作探梅还。
独酌酬孤影，抛书纵倦眠。得闲非易事，莫负此尊前。

## 题山寺

高轩向下望堆蓝，五月寒生冷一龛。绝壑云随钟出定，空山鸟与衲同参。
庭环翠竹昏亭午，路转青松辟晓岚。安得向平婚嫁毕，扶藜来对老瞿昙。

## 赠吴贞士

死节由来事不无，奇忠几见属儒生？西山采蕨商遗老，燕市啼鹃宋大夫。
古木寒云天黯黯，高山流水鸟呜呜。千秋母子同芳躅，洒泪秋原墓草枯。

## 客中有感

独客江城已岁余，天涯此际意何如？夜寒孤榻华胥远，岁啬荒村白堕疏。
乡梦未归陶径菊，诗思久滞灞桥驴。相存幸有二三子，积日离愁强半除。

## 劝农行

挽枪三载东南出，杀气横行霾白日。家家子弟学从军，耕凿为劳枹鼓逸。
劲戟长弓意气豪，舋肩斗酒相呼号。恣睢官吏不敢问，笑杀章句空徒劳。
一朝肝脑涂原野，千骑万骑何处也。道旁悲泣白头人，尽是儿孙征战者。
可怜闺中梦寐人，陌头盼尽柳条春。共言金印大如斗，谁道玉关骨化尘？
古来征战皆□儿，□见从军牖下死。空将七尺报人恩，赢得饥鸮啼□□。
老农虽朴亦自娱，弱女娇儿膝下呼。十斛多收闲鼓腹，力耕不患逢年无。

## 小 亭

小亭独坐愁春暮，桃李花残荔子红。案上抛书惟药赋，庭无问字放苔封。
一身槁木经霜叶，万事孤舟逆浪风。眼里干戈犹未息，浩哥搔首问长空。

## 酬林仙槎步韵

白露惊寒节，荒城易为秋。客怀深夜满，乡梦大江流。
聚散云烟幻，荣枯草木愁。寄言杜陵叟，此意有同不？（其一）

寓形寰宇内，俛仰成凄其。天地风尘老，文章垒块奇。
樵渔何事业，梅鹤亦妻儿。焉得如君辈？共题招隐词。（其二）

## 寓居述怀

旅舍罕人事，严冬迫雪霜。饥禽公下釜，寒鼠□翻筐。
酒债因年减，墨庄缘地荒。故庐不可望，秋思正苍凉。

## 题双雁图

云身雪影不离群，种得情痴解缔婚。莫向湘江鸣暮色，恐惊妃子独宵魂。

## 圭海除夕

两番除夕各天涯，客况萧条思倍加。炉火新寒临海店，酒杯旧冷建旌衙①。
愁随历日年年满，老似梅花干干斜。几户歌吹喧守岁，谁怜孤客未还家？

案：

①原注云：客岁除夕，予避地于黄冈官舍。

## 夜与孤崖上人谈武夷因评次诸茗

芙蓉九曲罗苍玉，泻出练光饮半碧。云封雾锁自鸿蒙，不逐骚人逐热客。
高僧本是大王孙，癯相骨峰正等伦。渡杯飞锡来玉女，婉娈双髻青螺文。
五载侨居猿鸟熟，六时消受茶香福。粟粒饱归松下行，习习清风自扪腹。
前丁后蔡漫品评，龙团雀舌终虚名。今日白毫最称上，鼻观缥缈舌观清。
接笋百花费争拾，金谷古松劳仿袭。惟有斯香淡欲无，香到无时不可及。
宋树当时价十千，于今虬髯摩苍烟。时俗只知轻老丑，不材幸可补天年。

## 读坡公集偶题

坡老文章妙天下，毫端吹气髯腮动。粗言细语任剪缝，老蛟欲怒风雷送。
复似乎梅酪蔗浆供醉余，酸甜杂咽口流脂。纷纷余子不相识，欲将盐酱醢荔枝。
尤物自愿知者贵，肯向时流夸炙味？子美称圣谪仙才，惟公三昧堪为对。
吁嗟乎！陶令之琴，无弦而弹，先生之腹，不饮而醉，
安得跻予于千载之上而聆音，酌先生于千载之下而熟睡？

## 拟钓堂诗

屏迹归来恣傲游，林泉欣得结庐幽。辋川居士家为寺，茗雪先生屋是舟。
明月应容人下钓，青山不笑我骑牛。萧萧荻苇江村暮，长啸一声天地秋。（其一）

庭前芳树碧离离，坐拥匡床日影移。有酒时平千古恨，无鱼空钓一囊诗。
芰荷叶老羞波镜，络纬声长咽月眉。好倩中山传美景，他年黄绢续新诗。（其二）

## 忆梁衡峰

与君遯迹鳄江湾，长日柴扉不用关。宇宙浑成一片热，溪山放出二人闲。
游因乘兴知何往，梦到无心听自还。一事欲消消未得，奇情长寄酒杯间。

## 黄冈城上准提庵远望

石城高踞海天凉，极目云涛意徜徉。山尽莲峰分版服，江来凤渚带清漳。
金门涌日浮空界，玉浪吹风走大荒。宕我心胸缥缈外，乘槎何处觅张郎？

## 又宿准提庵时值春日

又向禅关挂客囊，葛衣初换不惊霜。萍牵绿沼浮喧鸭，草长春城牧乳羊。
野寺僧贫蔬品早，寒溪潮上钓竿忙。兹来更觉春光好，墙外花枝照夕阳。

## 赠朱天石有小引

潮地滨海遭氛荼几数十年，野无青草，泽有哀鸿，而催科者犹按籍取盈，甚且大索子衿以实逋课。不能给而遂革衣顶者，郡数百人。潮阳朱天石闻之，慨然驰万里叩阍，奋不顾身，卒奉俞诏复其故物。诸同事者，谋所以寿功于不朽，征言于予，因为长歌以载始末。

溟渤扬波三十载，鲸烟蛟雾气如瑷。牛女星缠数百州，万顷桑田化沧海。
荒荒原野无人耕，兵戈云屯四郊垒。可怜乡邑半逃亡，追呼犹按旧丁在。
不分户籍是耶非，代输偏苛及衿佩。百顶儒冠何足惜，扫去鸡肋如落叶。
君门万里诉不闻，长吏威严谁敢喋？何来朱生铁作肝，餐冰踏雪到长安。
面叩丹墀切陈状，一张黄纸出金銮。郑监流民图再见，贾傅治安哭有端。
义声一日驰四海，多君不惮历间关。丈夫见义便当为，岂计功成名誉随？
安得如君数十辈，遍陈疾苦九重知。

## 题赵马图

赵家画马旧知闻，于今犹见画图存。画作骅骝马中尊，不画筋骨画心魂。
平原三月春初足，微雨霏霏细草绿。吻间未食鼻先鸣，霜蹄蹴踏势翻腾。
圉人失去不知处，日暮江头愁霜露。千金市骏古人心，龙种由来不易遇。

## 黄冈竹枝词八首

甕城东望势崔巍，万顷银波翠嶂开。九月蛋舟收内港，澳雨风报潮婆来[1]。

绿满平芜白满川，溪寮一带起寒烟。落日人归牡蛎市，商歌暗认广闽船[2]。

石壁山头峰插天，石壁山下草如烟。半腰白鹭飞不去，道是岩边漱玉泉[3]。

双树群峰拱寺门，寺中钟磬报黄昏。海月斜飞江练白，旃檀香彻给孤园[4]。

黄鱼紫蟹错登筵，丹柿红柑颗一钱。收却落花涂豆子，不劳东作向春田[5]。

竹溪溪畔古楼西，废宅荒凉尽菜畦。柏殿铜台无瓦砾，藤萝空闭秭归啼[6]。

北郭圃傍马鬣堼，何年春雨绿芜生？可怜翁仲龙钟老，却放蛴螬背上行[7]。

庸溪居士谁为传，家似柴桑还姓刘。射猎空山愁虎豹，掉头江上对沙鸥[8]。

案：
①原注云：黄冈一名甕城，土人相传九月潮为潮婆，十月为潮公，至期舟人必收泊避风，潮婆尤甚。
②原注云：黄冈滨海，闽粤商舟所会。每夜月江清，棹歌响答，各竞土音，亦足乐也。今不复觏此矣。刘汝粟云。
③原注云：黄冈城后有石壁山，山有泉，名漱玉，烹茶颇佳。
④原注云：□有寺曰雷音寺，登之可望大海。
⑤原注云：豆名落花生，盖花入土始成实也。土人多业此为生者，又呼为涂豆。
⑥原注云：郭外多废宅断垣，遗构皆旧时楼台歌舞地，今悉为荒烟茂草，令人怆然周道。
⑦原注云：冈北有古石坟甚宏丽，额曰"石翁化城"。
⑧原注云：刘汝粟也，自号庸溪叟，家于黄。

## 田　横

暗哑叱咤气如虎，八千子弟渡江水。舟中不见一人还，空有美人为君死。
田横何人偏得士，五百头颅五百鬼。不惜黄沙渍血痕，磷火星星剑花蕊。
人生成败何足道，神龙见首不见尾。安有英雄北面人？吾头宁驰三十里。
颜面未败尚可观，犹胜醢菹献天子。

## 偶　赋

入世渐知妨齿龈，观书从不掉眉稜。点头石且随高下，无字碑原没品评。

## 俶　居

避世家难定，江边俗颇宜。耕桑依近土，饮啄得先时。
邻枣从竿打，铃花畏鸟欺。无人嗔我懒，幽事日相随。

## 偶过野庵闻呗

门掩青山对水流，木鱼声里岁方秋。瞿昙弟子虽无发，犹胜逢人叹白头。

## 夏日杨眉夫庄召浃见过斋头步韵

蝉噪高林绿满园，良朋相过正堪论。谈扪旧虱巾皆岸，屐印残花齿有痕。
岁月几能同燕坐？溪山此外懒开门。乘闲莫负茶香约，来对西窗竹影昏。

## 陀城怀古

长风万里撼江关，塔影高悬缥缈间。羊石秦来犹有观，虎门东去已无山。
珠光夜照仙楼幻，霸气烟消陀水寒。独恨葛洪萝涧井，白云封尽策筇难。

## 入　秋

竹屋荐新凉，灯火渐可事。几窗闲拂拭，洒扫见次第。
读书自所爱，非关毁与誉。贫病时开颜，会心鄙章句。
东皋著作人，河渚有遗处。杞蕟远千年，月明根渥露。
欲采寡同心，荷锄怅云路。

## 静夜偶成

水月别有光，静者自怡悦。虚明涵万象，非心亦非物。
时当天宇澄，凉飚振清越。禽鱼意无争，荇藻相映发。
此生亦何为，筋力安吾拙。但守名山志，蠹鱼老岁月。

## 病中夜坐

病卧夜何久，况兼风雨阑。隙茅通漏遍，破壁护灯难。
不寝千忧集，无衣卒岁寒。翻思在昔日，诗酒尽为欢。

## 旅　怀

滴滴空阶雨，愁人独夜吟。难将杯酒力，消此异乡心。
梦接慈亲泪，愁催懒妇碪。拥衾烧烛短，两耳起秋音。

## 春初招饮慈云阁和韵

风光未改翠崖巅，犹喜春晴抹晓烟。怪石重逢疑故我，梅花老去补新莲。
敲诗此日争奇句，载酒何人续草玄？乞得余生依佛火，种松栽竹度年年。

## 山斋漫兴

幽栖无事日迟迟，老向柴扉偎曝宜。住世只应同信宿，逢山未免作贪痴。
花从人赏方多媚，鸟惜春归更好辞。闲汲乳泉煎雀舌，一瓯尘肺已全医。

## 闻　雨

雨打寒檐晓作声，老农相劝趁春耕。新畴稚麦欢生色，古涧潺泉壮欲行。
布谷啼忙千树碧，桔槔转罢一溪清。散人未习田家事，花药关心亦怕晴。

## 种粉团

趁雨栽花亦自忙，天功人事两相当。颇留弱叶三分在，径截青枝一尺长。
蛱蝶飞来知好处，美人病去失浓妆。他时会见新颜色，十幅红绡拂锦裳。

## 偶　成

三月春风尚怯寒，蕉花半落石床间。残书读罢凭高枕，笑尔行云不解闲。（其一）

带雨春山夜不明，竹窗灯火自孤清。伴人最有林间鸟，每到愁深唤一声。（其二）

## 和　陶

山村罕客至，日暮鸟雀喧。残花三两枝，窈窕傍篱偏。
闲抱一尊酒，相对门前山。遥见南飞云，孤高自往还。
云意与山远，我亦悄无言。

## 山中喜吴华生见过

畏俗不畏客，何妨高士来？古心存道气，孤抱结诗胎。
鸡黍宁关约？茶香免借材。清谈成净理，猿鸟不须猜。

## 同吴华生将游慈保庵坐石泉上试茶

何必茅庵去？一泓清可涵。涛声分寂听，泉味引同参。
爱石都成癖，逢山便作憨。虎溪定何处？吾亦笑成三。

## 寻东山最上岩

一片荒山色，何人昔结庐？磨崖思古字，扫壁习虫书。
佛化龛犹在，僧荒草不锄。寄言老护法，龙象祝同居。（其一）

胜迹埋榛莽，于予独忾然。石梁犹未毁，春涧已无溅。
蝙蝠成金穴①，猕猴作福田。尚余石上刻，知有曩时贤。（其二）

案：
①原注云：岩皆蝙蝠巢其内。

## 山中书所见

自爱山中玩物华，辋川摩诘未须夸。芋田得水齐抽叶，蔬圃临浍并著花。
草散牛羊眠牧竖，竹藏鸡犬闹贫家。相逢农父寻常话，次第分秧及种麻。

## 吴华生以糟笋见馈报以春茗赋诗一首言谢

自厌疏慵不出门，此中密意与谁论？晚交得子何妨少，古道于今独与存。
拟种药苗扶老至，更储村酿及春温。乘闲再整山中驾，休负西窗剪烛言。

## 从王钦之乞花得数种赋谢

乞花虽易耳，携取自深情。根徙还依土，丛多不辨名。
及时沾润泽，应节未朱明。不近纤纤手，高柯亦易成。

## 题　画

风雨初收涧水泠，苍苔浅处屐痕生。田家最有关心事，来听寒溪晓涨声。

## 羊城赋归

归去溪山便作家，菜根何愧旧生涯。从他紫绶金章贵，亦有青门五色瓜。

## 蒲涧寺和东坡原韵

双章古瘦立门前，石井秋清一瀿泉。岩吐晓岚疑作雨，窗藏霜叶不知天。
菖蒲未信长生药，含笑如参直指禅①。活得七旬成百四，此中应有地行仙。

案：
①原注云：东坡云：山多含笑花。

## 濂泉寺

仙人不见白云悠，故宅空山尚结楼①。月剪松须疏有影，风穿叶鼻冷惊秋。
屏花缀露珠初撒，涧水流虹白欲浮。春草何人梦谢客②，六朝惭愧昔风流。

案：
①原注云：寺传为安期生故宅。
②原注云：寺联有"春草满塘梦谢客"之句。

## 题 画

悬泉百尺下清湾，声入高楼六月寒。惊起幽人清梦觉，亟呼茅笔写秋山。

## 归去来八首存三

归去来兮一笑中，无心犹怕酒杯空。那能白发伤年迈，亦有清尊驻脸红。
天放名花收晚景，鬼惊奇句泣秋风。吾生出处寻常耳，显则磻溪隐赤松。（其一）

归去来兮任自然，呼牛呼马且随缘。梅花冻后香逾老，野鹤秋高翮始全。
案有奇书堪下酒，胸藏灵草不求仙。荣枯已识天公意，日上三竿只懒眠。（其二）

归去来兮梅麓幽，翠微深处结层楼。半丘自足终生屐，千橘何须万户侯？
玉版羹香馋下箸，黑甜味饱废梳头。任教黄鸟春来聒，难搅诗肠一段愁。（其三）

## 送吴鱼男

自耽幽僻水云乡，敢拟花溪学草堂。旧友能来茶鼎熟，新诗懒寄墨田荒。
材同樗栎违斤斧，性似山麋畏锁缰。握手无多深惜别，一天云月两相望。

## 梅州僦居

宅边有隙地，瓜蔬不待鬻。躬从种植劳，一芹胜梁肉。
薏苡垂明珠，离离照檐屋。马生此买祸，今我乃充腹。
始知世路险，不若幽居福。樵爨有代劳，鸡鹜亦兼蓄。
良朋时一过，谋妇酒满斛。箕踞话羲皇，无复官礼缚。
读书静自灵，既倦睡亦熟。觉起茗七瓯，沿溪看修竹。

## 晓 坐

五更清梦醒，月色在疏丛。露叶光如滴，练江静若空。
鱼翻时出藻，果落偶因风。喔喔鸡声闹，东方渐吐红。

## 和老杜入宅二首用原韵

已耽居有竹，何恨食无盐①？翳木当轩柞，新花近席添。

避人深闭户，看鸟数开帘。敢拟高贤躅？疏狂或许兼。

案:
①原注云:坡公有"三月食无盐"之句,梅去海远,食盐为艰,故云。

# 又

性拙怀幽僻,年衰倦往还。伴人唯旧研,知己有青山。
自得杯中趣,宁辞镜里斑?此生皆是寄,何必定乡关?

# 九日诗和韵

何时佳节非重九,何地登高少孟嘉?一自龙山人去后,几人落帽对黄花?

# 莽山感怀

到来风景已凄凉,况复伤心两鬓霜。壁上旧题风雨蚀,虫书更续两三行。
手种蕉花过我长,凋零不似向时妆。可怜芳树犹如此,岁月何堪前度郎?

# 小隘隍

连山不可极,断处见人家。野庙依乔木,孤烟带远沙。
竹团千亩绿,鹭破一溪霞。何必秦人谷,偏夸两岸花。

# 过蓬辣滩

未肯安澜作怒鸣,于中垒屼岂能平?天留巇险相尝试,人间忧危已饱经。
二月奔雷轰地力,五更骤马乱风声。岭头香火年年在,蘋藻何人荐客星?

案:
原注云:滩上有□□□□□香火颇盛,其旁有王十朋祠,甚荒落。

# 和叶铁柯荔支

马嵬妃子此曾耽,一骑当年北自南。漫说皇家多胜事,齿牙间物不容贪。

# 爱吾庐夕坐

闲庭新雨后,爽气乍如秋。夕蚓吟难静,凉萤光一流。
月为虚室朗,花答小亭幽。容膝安常易,何烦觅十洲?

## 夏夜书怀（二首）

高梧良友辈，怪石丈人行。默坐林移影，忘形水放光。
性慵贪佛国，老至悔名场。蜗室成安乐，悠然此夕凉。（其一）

四十与五十，无闻圣所讥。岂惭他骏骥，实愧此须眉。
学道难移骨，忆山空入脾？白云千里远，此意寄谁知？（其二）

## 仿东坡集归去来词十首存五

已往谏何及，归来幸未芜。孤松存二仲，倦鸟学长徂。
树绕弹琴室，泉通酿酒厨。百年同一瞬，所乐且从吾。（其一）

役役胡为者，琴书尽可依。田园春事美，富贵晨熹微。
自悟乐天是，深追昨日非。衡门时倚昈，习习风吹衣。（其二）

良辰怀独往，物色向春滋。植杖荫荣木，携尊教幼儿。
委心聊寄傲，乘化复奚疑。何必空惆怅，寓形能几时？（其三）

农父来相告，只今耕种时。巾车度远垄，耘籽向东菑。
土脉仆夫辨，泉源稚子知。欣欢情话久，前路日将低。（其四）

世态知难涉，驾言归旧庐。闲观三径菊，静著南窗书。
有酒呼邻里，忘机狎鸟鱼。悠悠寰宇内，万物任盈虚。（其五）

## 自七月四日由韩江入舟至十一日抵梅江

愧我诗思涩，难消好景多。松村多夹涧，蕉圃半临河。
泉迸石肤出，云从岩腹呵。幽禽能解意，睍睆更相和。（其一）

昏旦疑同候，秋声一枕长。烟开山面目，风绣水衣裳。
阴壑鸣深窍，殷雷破大荒。溪中寒气早，缔绤坐生凉。（其二）

晨起忘梳沐，披衾耐薄寒。烟霞瘳老病，泉石补艰难。
万事成今是，多营易一安。韩城与梅水，不作两般看。（其三）

阴那秋色里，碧玉琢芙蓉。芝术谁新采？神仙有旧踪。
晴天看半雨，亭午失全峰。两度泊舟处，折腰认古松。（其四）

水涉日云久，高深望眼劳。溪花幽半笑，岸竹翠相交。
随手探鱼婢，披襟劈蟹螯。闲情成委琐，自顾转堪嘲。（其五）

## 龙川县霍山

石意非奇不肯休，岩峣天半结层楼。泉吹清籁当檐溜，松化苍龙入座游。
远岫留青供佛髻，重岚作阵过僧头。上方洞府应须到，坐听千峰一夜秋。

## 柬宗侄

千里龙驹产，吾宗自有人。图书存雅尚，笔墨藻精神。
痴叔予应似，阿咸子足论。勖哉乘壮日，逐电出风尘。

## 梦梁衡峰

子没已十年，梦子颜未老。宛如子在时，接予忙履倒。
烹割敕庖厨，鲑蔬非草草。绿涛净素瓮，青缃恣寻讨。
不悟人鬼殊，犹作平生好。忆君少壮日，旷怀希至道。
习气应未深，游神或三岛。嗟我久樊笼，名业双髦皓。
钟期已云亡，荆榛谁为扫？以此一梦悠，藉君除苦恼。

### 坡仙集中载邸店壁间诗云人间无漏仙兀兀三杯醉世上无眼禅昏昏一觉睡虽然没交涉其奈略相似相似尚如此何况真个是意非知道者不能道此也吟咏再三漫为续和

何用竹叶杯，个中有真醉。何须圆石枕，个中有美睡。
堪笑叶公龙，徒然好其似。若问何为真？开口便不是。

## 宿田家

病夫畏礼俗，懒性喜田家。扶杖听蛙鼓，倚棚数豆花。
茅茨存朴野，鹅鸭饰繁华。安得官租减？含饴乐未□。

## 东山谒张许二公祠

遗庙巍巍瞰海湄，夕阳古木自鸦啼。乾坤浑作孤忠血，社稷凭将厉鬼提。
后死知心惟信国，千秋并祀有昌黎。我来瞻拜肠应热，恸饮邮亭读旧题。

## 游西岩（岩为惠照师卓锡地）

叠叠古云埋，兹游路几回。岩从林梢见，阁对海门开。
磴道摩霄上，潮声带月来。惠师不可作，零落讲经台。

## 游东岩

何年鬼斧与神工，凿壁镵峦巧不穷。如怒如飞岩际石，非晴非雨涧边松。
薜萝斜月拖青电，泉壑嘘风吼玉龙。更访奇踪寻别洞，古梅欹卧石坛东。

## 归途宿石井叶茂才山斋

草草茅斋亦自妍，野花疏竹点秋天。会心宁必穷幽境？得句聊将偿酒钱。
雪鲙登盘寒片片，墨鹅飞月影翩翩①。相逢莫惜为君醉，屈指霜风又一年。

案：
①原注云：时有少年索书，就月挥之。

## 石井三峰寺

闻道三峰寺，当年选佛场。磨崖碑半灭，扫塔草还香。
七椀辞红友，一肱引睡乡。可怜车马客，役役为谁忙？

## 病中习静

自怜添老病，未暇念饥寒。影拟霜柯瘦，形同□块干。
迂疏逢世拙，修饰作人难。俛仰谁知己？青山觌面欢。（其一）

残书病倦展，秃笔困慵拈。坐卧呼炉伴，步趋倩竹兼。
观心色界净，调息鼻端严。更有常功课，闲来觅黑甜。（其二）

开牖对花坐，卷帘抱月眠。无穷花富贵，真个睡神仙。
暇日天将纵，清缘命不悭。金章虽足羡，何似绿蓑贤？（其三）

少小腾骧志，今兹伏枥鸣。无闻惭四十，多难感平生。
江上啼商妇，边关罢老兵。功名不早建，迟暮徒伤情。（其四）

诗文终障道，况复费沈思。藻采先离质，推敲只媚时。
渊明率本性，邵子扬天机。寂寂千年后，无人解再为。（其五）

## 冬夜即事

长宵伏枕病相捱,药里多时废酒杯。月色无人排闼入,钟声有物步虚来。
纸窗静宿棠梨影,石鼎寒消榾柮灰。清梦乍醒还睡去,晨鸡咿喔莫相催。

## 家园偶题

占得闲园十亩春,青匏红苋一时新。漫道桃花能避世,菜根亦自解娱人。

## 山 居

柴门虽设不常关,闲放幽禽自往还。莫道野人功课懒,白云深处劚青山。

## 即 事

空山日永自衔杯,绿树鸣蝉去又来。一枕凉风处入梦,石床松影下苍苔。

## 山村晚眺

山静日长如小年,晚来幽眺更怡然。池塘绿满浮双鸭,槐柳阴清嘒独蝉。
罢钓渔人移荻浦,交飞燕子织霞天。曳筇入户茶声沸,又见前峰月一弦。

**我生未识庐山而少年时曾梦于五老峰观瀑布今岁之夏适饶道出凤凰山麓有泉自巅而下撒珠玑于万斛悬素练于千寻可谓壮观矣第不知他日策杖五老峰前时又作如何叫绝耶**

我昔梦观五老泉,玉龙飞舞下青天。今日观泉不是梦,庐山策杖又何年?

## 仿古艳词

碧窗斜月耿深宵,织女牵牛隔水遥。懊恨鹦哥空有舌,输他鸟鹊解成桥。(其一)

锦织青荷并蒂枝,缄将一匹寄相思。莲花莲叶从君剪,莫剪莲枝断却丝。(其二)

## 题 画

五日一山十日水,高人墨意与神俱。木留病叶枝仍健,亭立空江影亦孤。
吴楚天清一气接,金焦烟起半边无?少文年老偏饶兴,会写青山作卧图。

## 题 画

屈铁何年树，堆蓝半面峰。有人时独往，无客得相逢。

## 元 夕

古佛炉香相与清，蒲团端坐念枯藤。老来始解真行乐，独赏东坡无尽灯。

## 春雨即事

细雨生幽事，柴门省客来。炉存旧火活，花就古瓶开。
童子睡方熟，先生读一回。茗涛出不意，石鼎急相催。

## 题牡丹图

名花少见岭南栽，正月牡丹恰盛开。蝴蝶蜻蜓夸疾捷，不惊蛛网过墙来。

## 清 明

乱山乱水少人踪，岚色苍苍鸟语重。半岭白云拖古石，一抔幽塚隐芳丛。
儿孙拜跪空浇土，狐鼠凭陵□作封。千载贤愚同已矣，纸灰何用绕青松？

## 杜鹃花

三月春和花正浓，杜鹃何事姓名同？已闻苦口啼归去，犹向枝头染泪红。

## 题 画

森森树色欲争春，坐听黄鹂学语新。谁向此中深避世，溪桥流水日无人。

## 题 画

人家烟际明灭，渔艇汀边去来。云岫乍连乍断，江天时合时开。（其一）

草树新含霁色，衣衫半上溪痕。日暮携琴何处？小桥边有柴门。（其二）

## 有 感

四十我将老，韶年信易徂。敢希百岁在，已恨半生无。
食蔗怜余节，倾杯妨罄壶。勖哉迟暮景，老骥力长途。

补　遗

## 舟中看山

千峰资静讨，欣赏惟卓荦。疲钝纵崔嵬，意态未蜕俗。
西子敛半蛾，壮夫瞋一目。石峰瘦稜稜，僧老头乃秃。
陁陀郁葱葱，婴儿肌皆肉。神仙风云姿，罴虎爪牙簇。
各具一奇姿，相雄不肯伏。顽玉何足道，余子徒碌碌。
如何造化手，工拙乃殊局。况兹谷食俦，凡圣讵一族？
嗟彼蚩蚩民，不如灵草木。（《潮州诗萃》乙编卷五）

## 和老杜入宅三首用原韵

小轩临远水，西折望山城。挈足经秋夏，妨人识姓名。
闲情偕树老，默识玩潮平。兴至聊挥洒，留题待友生。
（《潮州诗萃》乙编卷五）

案：

据温廷敬《潮州诗萃》乙编卷五，是题凡三首，温廷敬据黄华自书诗册移录，是诗为第三首，其第一、第二首，已见刻本《四牧斋诗集》中。兹补是诗，而题仍旧。

## 过　滩

巨滩小濑势汹涌，我已无心任一航。独酌笑看鸥出没，欹眠侧见峰低昂。
疏林烟起村何处，落日孤帆水一方。勿向清溪羞白发，此生端合老沧浪。

## 同梁肯新云中侄游阴那山寺

迭嶂凌空结化城，探奇值喜共新晴。山房月出夜摩界，云窒泉飞太古声。
猿鸟中宵随衲定，松杉亭午伴经清。庭前柏子青青色，今昔何人同作盟。

（《阴那山志》卷三）

附　录

# 本　传

黄华，字太华。丰标潇洒，诗笔轶宕，书法师其祖，擅名于时，草书尤胜。复任侠多情，笃于师友谊。其哭王汝振云："天道从难问，于君转不平。高堂无侍子，泉路更呼兄。一地饥寒骨，三年藜火情。亦为斯世惜，匪独念同声。"悱愤缠绵，具见性真。康熙初游于庠，因天赋爽迈，不屑屑于举业，竟以青衿终。有《四牧堂集》行世。（《饶平县志补订》卷十二《人物》）

黄华，字太华，饶平人。明尚书锦孙。诸生。有《四牧堂诗集》。太华工草书。余藏其自书诗册，笔法出米而不蹈其习气。诗亦清瘦，自成一家。（《潮州诗萃》乙编卷五）

## 祭表叔黄太华文

### 林世榕

呜呼！君其已矣。君之子汝庸服重本生，朝夕哭于几，弱室抱盈尺为后之孤哭于帷，姻觉交游爱君之才、佩君之志，相与哭于庭，君目能瞑矣乎？前月初八，予省君于榻，君病已棘，指跰摇扠不一奏，强起家人扶之坐，瞪目久之，心欲言而口不能也。呜呼痛哉！予恨不能早省君，不得一言相嘱遗，予亦负君。然自君之逝，悲痛结懑，惟恍惟惚，追念与君四十年中表骨肉，一旦永辞，情何堪此？予自束发就我祖姑，与君之兄纫生、廷瑞、廷薰诸表叔，读书于君之家塾，是时，君在褓褓中。至三四岁，喜弄笔墨，举止不类于常儿，宗伯公怜爱之。七岁，授以《孝经》，即能了记，益以为远器。及癸巳，遭城变，惊魂未定，乃匿名姓，避乱于予乡。从里中学其属词占对，虽老生宿儒，不能有所屈。君之凤慧如是。丁酉，先君偕纫生君赴秋闱。是年数厄阳九，归而疾殁者不一人。纫生病，先君亦病。俄而纫生君遂至大寐矣。宗伯公哭之哀，为挽诗十首，令予告之露帷。君时年十二，执爵从仲兄酹酒，哀痛若成人，宗伯公益复钟情泪掬。嗟乎！君自童稚之年，笃于天伦，岂待其子继宗推以为后于兄，乃称其孔怀哉？逮宗伯公捐馆，而家难作矣。君避患，又就予之家塾。君之为文，只意单行，如江如河，不可以顿其诗思，字法逼真晋、唐大家，声誉腾起。盖自童子试以及于诸生试，辄以第一人居之。君之才与学，亦可以觇其一斑矣。又记予庐为禁军圈占，时在壬寅之岁，寄君之庑下凡七年。此七年中，出入与之偕，晨夕与之处，连床夜话，对案朝读，以及一觞一咏，一语一默，我两人欣相得也。君气概轩渠，以诗为心腑，以酒为气力，以山石山林为性命。我姑以有涯之身忧其过纵，而予亦持君绳尺，每以杜书记、平善帖报我先姑也。乙巳、丙午间，予潜息扬美山中，君时一念，即徒步数十里相访。而山居风味，惟煮豆烹葵，沽村醪数升，两人藉草，陶陶然醉。每叹兹丘有幸，非我两人妆点，山灵亦应寂寂。寒夜则拥衾，剧谈今古，漏下至二十刻，乃复鼾鼾睡去，不知红日已三竿矣。时有知君至止，冀以一顾，非其意之所适，竟潜踪而过。近十数年，予逐于声利之场，南辕北辙，君亦遭逢变乱，栖止靡常，相见疏而两心恒相照也。君复以世故无极，壮志销磨，益豪宕不羁，其肮脏之气与郁结之怀，每向诗酒中淘洗。而君家再从昆玉，亦负能酒，时时招君从曲蘖生游，君亦以为酣畅。壬戌，君病几不起。予后从容谓君曰："酒以导和，过饮则伤生，宁当节之？"君曰："非不自爱。当其渴时，不饮即死耳。以其死，孰若须臾生？"乃知君之终不能谨酒也。然自此肌肤赢削，亦多不胜其酒力。兼以安仁悼亡，再娶于程乡我族中，遂家焉。而东头西头，不惮舟楫往来之艰，予又每有言。丁卯冬，始移家入郡。甫及完聚，又罹公冶之灾。嗟乎！我先姑而在，宁有今日之事乎？先姑治家严肃，董率俱有条理。君之得以优游无内顾者，母氏之力也。自先姑亡，君亦多故矣。乃复不问生产，田园半耗于鼠雀，重以赋役，继之非祸横加，君亦缘是益惫。而快意当前，犹日缮园亭，莳花植果，吟啸其中。今台榭依然，花木之芳菲盈圃，而主人已去，不胜风流顿尽之感。然君达人也，死生存亡，一笑置之，故见之诗歌，多旷达语，匪云谶也。犹君本能酒，予尝戒君以酒，然君之死，亦未必尽关于酒。今欲以大白浮君，不可得矣！呜呼痛哉！君恂恂孝友，善事母、兄，三兄继亡，惟母是依。及后居丧瘠墨，送母坎室，何其能哀也！性多仁柔，与物无竞，有侵以非理，卒弗为较。盖其包容如此。顷君临讳，不能吐一辞，揣其意，亦以少妇芳年，遗孤待哺，一腔心血，寄之奚囊，悠悠去路，未免有情耳。然予一日未死，尚能省我寡嫂，拊君之孤，扶之成立。其或不恤孤孽，夺以非分，又将向秦庭七日哭，完君门户也。至诗歌、古文辞，汝庸能读父书，已钥笥中。俟他日为君辑而梓之，使后之不及与君同时者，犹知岭海有才子黄太华其人，则君且不朽，斯瞑而已矣。酬以卮酒，告以衷语。呜呼痛哉！尚飨。（《瓦注草》）

# 参考文献

[1] （明）李士淳编纂，程志远增订：《阴那山志》，广州：广东旅游出版社，1994年。

[2]（清）林世榕撰：《瓦注草》，清康熙刻本，汕头：汕头市图书馆藏。

[3]（民国）陈光烈辑：《饶平县志补订》，影印本，潮州：印行《饶平县志补订》编纂委员会、饶平县地方志编纂委员会，2009年。

[4]（民国）温廷敬辑，吴二持、蔡启贤校点：《潮州诗萃》，汕头：汕头大学出版社，2003年。

# 《潮汕文库》大型丛书第一辑书目

| 系列名 | 书名 | 作者 |
|---|---|---|
| 潮汕文库·研究系列（第一辑） | 潮汕史简编 | 黄挺著 |
| | 潮汕方言歌谣研究 | 林朝虹、林伦伦著 |
| | 潮汕华侨史 | 李宏新著 |
| | 选堂诗词集通注 | 饶宗颐著，梅大圣注 |
| | 饶宗颐辞赋骈文笺注 | 饶宗颐著，陈伟注 |
| | 饶宗颐绝句选注 | 饶宗颐著，陈伟注 |
| | 汕头影踪 | 陈嘉顺著 |
| | 汕头埠老报馆 | 曾旭波著 |
| | 潮人旧书 | 黄树雄著 |
| 潮汕文库·文献系列（第一辑） | 潮州耆旧集 | （清）冯奉初辑，吴二持点校 |
| | 郭子章涉潮诗文辑录 | （明）郭子章撰，周修东辑校 |
| | 潮汕女性口述历史：潮州歌册 | 刘文菊、陈俊华、李坚诚、吴榕青、刘秋梅编著 |
| | 人隐庐集 | （清）吴汝霖、吴沛霖撰，吴晓峰辑校 |
| | 做"缶"与卖"缶"：近现代枫溪潮州窑陶瓷业访谈录 | 韩山师范学院图书馆、颐陶轩潮州窑博物馆主编，李炳炎、陈俊华、陈秀娜编 |
| | 瞻六堂集 | （明）罗万杰撰，黄树雄、王缨缨、林小山整理 |
| | 四如堂诗集 | （清）陈锦汉著，陈伟导读 |
| | 醉经楼集 | （明）唐伯元撰，黄树雄、王缨缨、陈佳瑜整理 |
| | 百怀诗集　龙泉岩游集 | （清）陈龙庆撰，陈琳藩整理 |
| | 重刻灵山正宏集 | （清）释本果撰，郭思恩、陈琳藩整理 |
| | 立雪山房文集 | （清）黄蟾桂撰，陈景熙、陈孝彻整理 |
| | 汕头福音医院年度报告编译（1866—1948） | （英）吴威凛（William Gauld）等著，朱文平编译 |